INCREDIBLE NATURE

第二辑

不可思议的大自然

火

[波] 安娜·斯考罗什卡　文　　[波] 阿加塔·杜德克　玛格丽特·诺瓦克　图

姚小菡　译

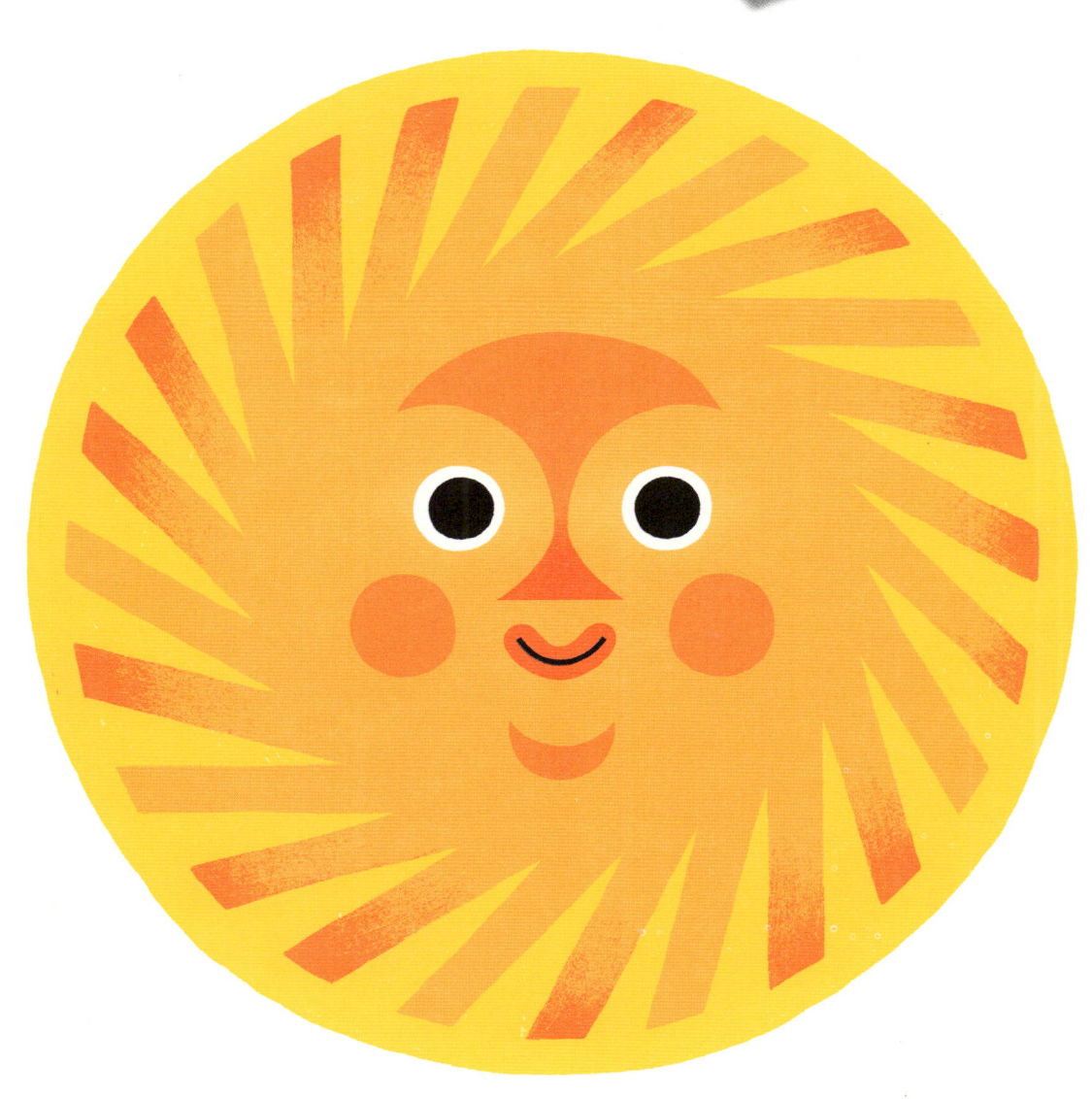

台海出版社

你有没有在吃晚饭的时候想过：烹饪起源于什么时期？是谁发明了烹饪？为什么太阳落山之后，我们不必再坐在黑暗里？答案就藏在我们人类的历史当中。祖先们学会了如何使用火，火也为他们带来了光明、温暖和安全感。几个世纪以来，火的使用早已工业化。今天，几乎没人会在自家地板上点火照明或生火煮汤，"火花"通过高压线路来传送，"热量"由热电厂或燃气厂提供。如今，我们仍然喜欢欣赏蜡烛和篝火的火焰。那么，能够照亮黑暗、温暖四周、蒸煮食物，同时又有着巨大摧毁力量的火，究竟是什么呢？

火是什么?

美国物理学家理查德·费曼认为,我们能接触到的一切物质都是由原子构成的,原子之间在不断地互相吸引或排斥。你为生火收集的树枝也由原子构成。虽然放在地上的树枝看上去是静止的,但构成树枝的原子在轻微地振动。不过,你是看不到这个画面的,因为它们的体积太小,但你可以想象一下。树枝中含有碳原子,而空气中有氧气。当树枝安稳地待在地面上被空气包围时,氧气中的氧原子会撞击碳原子,但不会有任何化学反应。如果有人将树枝加热,也就是说,为它提供能量,那么碳原子就会开始强烈振动,加速移动,相互碰撞推动,直至与氧原子迅速结合。同时,还会产生火焰。火焰会刺激树枝里其余的原子,让它们加剧振动。这个过程不断反复。因此,当树枝中的碳原子与空气中的氧原子迅速结合时,火焰就会产生——前提是两者的含量必须都很高。

氧气(O_2)

二氧化碳(CO_2)

理查德·费曼曾经说过，当你点燃树枝时，就像是在"释放树枝里储存的太阳"。他解释说，每根树枝都曾是树木的一部分。云杉、桦树或松树，年复一年地从空气中吸收二氧化碳，但为了分离其中的碳原子和氧原子，它们又从太阳那里借来了能量。当树枝燃烧时，碳原子与氧原子再次结合。树枝就以这种方式归还了之前借来的能量。

理查德·费曼

热

把手靠近火堆（但不要太近，以免被烧伤），你有什么感觉？木头燃烧时产生的气体粒子运动得非常快，会刺激你身体的粒子运动加快，然后你就会感觉到……热。气体、液体或固体的粒子运动的速度越快，它们的温度就越高。

要产生火，就必须有能提供初始能量的物质（如火花）、燃料（即可燃物，如木头、纸、汽油）、氧气。有些物质可以自发地燃烧，我们称这种现象为自燃。

树枝

干燥的叶子

火柴

木头

纸

球形火焰

在燃烧过程中，氧化性气体被加热，它们的粒子会加速移动，四处扩散，占据更多空间。这就是为什么热空气的密度更小，质量更轻，即使在有重力的时候也会往上升。重力还会影响火焰的形状。美国国家航空航天局做过这样一个实验：在重力极小的国际空间站里点燃蜡烛，结果发现火焰的形状不同了——它更像一个球，而不是一滴眼泪。

火焰的颜色

印度尼西亚的卡瓦伊真火山会发出蓝色的火光，火舌在山坡和岩隙间吞吐。你也许会好奇：通常情况下火焰不都是橙色的吗？这种深蓝色火焰是火山内部喷出的硫黄气体燃烧的结果。

火焰的颜色取决于燃料的化学成分。硫黄是黄色的，但燃烧时的火焰是蓝色的；木头的颜色多种多样，但燃烧时的火焰是橙色的；铜是红色的，但燃烧时的火焰是绿色的。如果你想让自己的生日蛋糕上燃起五颜六色的火焰，你就得去买特制的蜡烛，每支的化学成分都要不一样。蜡烛的颜色相同也不要紧——化学成分不同才是最重要的。

烟花

你应该看过烟花秀，夜幕上绽放出缤纷的色彩。那些色彩同样取决于燃料中的化学成分。钙使火焰变砖红，锂——变紫红，钠——变黄，硫——变蓝，钾——变紫。

观察燃气灶上的火焰，你会发现它通常是蓝色的。不过它偶尔也会燃烧成橙黄色，这就表示燃气灶工作不正常——燃气燃烧得不完全。

被闪电击中

就在你读这本书的时候,有许多场雷雨正在世界各地发生!或许其中一场正在向你家靠近。假如我们有办法利用其中一场雷雨产生的电能,就可以为数量庞大的电池充电,或者为一座城市提供半小时照明。云层中的冰晶相互碰撞,并与高空的水滴发生碰撞从而带电。带正电的小冰粒聚集在云的上部,带负电的小冰粒留在云的下部。当带电的粒子,也就是电荷,越积越多,就会产生突如其来的电流,大气被击穿,产生了一条导电的通道,大量的电荷从此流过。闪电就这样出现在我们眼前了。

闪电有不同的颜色:红色、紫色、蓝色或黄色等。闪电的颜色取决于空气的湿度、污染程度以及温度等。

试着用塑料梳子用力梳头发,你会看到头发在向上飞。头发通过摩擦而带电,就像云层中的小冰粒一样。

大多数闪电出现在云层之间，但云层和大地之间也会出现闪电。在地面，突出的物体，如高塔、树木，或是站在空旷地方的人的身体上会聚集更多电荷。雷电会首先击中这些目标。所以，在电闪雷鸣的时候，千万不要站在树木下、高塔下或空旷的地方，尽可能躲在建筑物或汽车里。此外，还要关闭手机。即便你安全地坐在家中，也不要使用电器。

闪电的温度很高，能达到将近27000℃。闪电划过的时候，它会迅速使空气的温度升高，空气会膨胀并形成强烈的爆炸，然后我们就会听到雷声。如果闪电击中一棵树，高温会令树液蒸发、树皮炸开。闪电也会引起火灾。

一次雷击释放的能量足以让你的电脑不间断地运转一年多。

也许文学作品中最著名的闪电就是哈利·波特额头上的"闪电"疤痕，那是一道索命咒语留下的印记。在希腊神话中，能投掷闪电的是宙斯——众神之王。

火山

高温

你还记得童话故事《小王子》吗？故事里的小王子要仔仔细细地打扫火山，才能让它们燃烧的时候不会爆炸。他常在火山上面加热早餐，所以他希望火焰能均匀地燃烧。但是在地球的火山上做饭是很困难的。不过，2021年3月，冰岛一座沉寂了800多年的火山爆发，几天后，该国居民就在凝固的熔岩裂缝里烤起了香肠和热狗。

火山的"根"在地球的深处，那里的岩石会被高温熔化，形成炽热的液态物质。这种物质会与气体混合，在压力的影响下寻找出口。我们把岩浆喷出地表凝固堆积而成的山叫作火山。温度可高达1200℃的岩浆沿着山坡流下，部分岩浆与火山气体、火山碎屑一起以极快的速度被喷到空中。也因为这样，我们才想象得到地球内部有多热。

今天，我们已经有了可以预测火山爆发的预警系统。尽管如此，有时人们还是会措手不及。火山爆发所表现出来的非凡力量，使得人们赋予了它一些神话色彩。"火山"这个词的英文volcano来源于罗马神话中的火与工匠之神——伏尔甘（Vulcan）。伏尔甘对应希腊神话中的赫菲斯托斯，他的铁匠铺就坐落于一座火山中，他在那里为宙斯锻造了闪电。

冰岛的一部分火山位于冰区。那里发生爆炸的话，会有双倍危险，因为高温会导致冰川迅速融化，从而引发洪水。

在亚洲和大洋洲之间的岛屿上居住着一种鸟类，它们从不孵蛋，因为火山会替它们孵。这种长得很像母鸡的美拉尼西亚冢雉，会在异常温暖的火山口附近筑巢。它们会寻找温度不高不低正好33℃的地方。你或许会以为它们体内有温度计，因为它们对温度的感知十分精准。它们用强壮的爪子在沙子和土壤里翻扒，直到锁定一个足够温暖的地方，把蛋埋起来，然后就不再理睬。大约50天后，一只只羽翼丰满的雏鸟会破壳而出，即刻投入世界的怀抱。

沿着太平洋海岸绵延约4万千米，有一连串的火山、火山岛和海沟。这里被称为环太平洋"火环"。

火山岩层的横截面

火山爆发不仅会将有毒气体释放到大气中，还会导致大量的烟尘被风吹到很远的地方。有时火山灰浓度太高，甚至会损坏飞机引擎。2010年的一场火山爆发产生的火山灰使得欧洲的空中交通陷入瘫痪。

1883年，印度尼西亚的喀拉喀托火山爆发，向大气中排放了大量灰尘。这些火山灰围绕地球飘动了几年，导致天空发生了变化：夕阳变成了火焰般的橙红色，美国纽约有人为此打电话给消防部门；而月亮则变成了蓝色。

黑暗

在意大利的那波利湾，天空是湛蓝的，一年中大部分时间都是阳光灿烂的。2000多年前，庞贝古城就在这里建立。富有的罗马人漫步在开阔、规整的广场上，一边抬头可见远处高耸的维苏威火山，另一边可远眺地中海的海面。这座城市宏大而繁华，大约有2万人居住在这里。居民们请了最杰出的艺术家，用色彩斑斓的绘画和花样繁复的马赛克地板来装饰他们的住宅。他们盖起了葡萄园和橄榄园。他们喜欢戏剧、宴会和角斗。

公元79年，突如其来的黑暗笼罩了整个地区。庞贝蔚蓝的天空瞬间暗淡无光。历史学家小普林尼当时住在海湾另一边的一个村庄里，据他形容，那种黑暗就像密闭房间里的一盏灯突然熄灭。然而，这片黑暗不是普通的云层造成的，而是因为维苏威火山爆发升起的灰烬和烟雾。火山喷发出的超高温的熔岩和火山灰，涌向了城市。火山碎屑涌浪挟带的有毒气体令人无法呼吸。很快，这里的人、动物和房屋等就被埋在几米厚的火山灰和废墟之下。直到1500多年后，庞贝古城才被发现，而挖掘工作一直持续到今天。

发现火的用途

今天，当你看到闪电照亮夜空时，可以想想200万年前，闪电也曾划破天空，而那时我们遥远的祖先还对闪电充满恐惧。他们见过火，但不知道它的用途。大约240万年前的非洲生活着一种史前人，科学上称其为"能人"。他们全身长满浓密的毛发，不会生火取暖，吃生的蔬菜、肉和水果，不会煮饭，更不会油炸食物……他们没有这些方面的知识。我们甚至不知道他们是否打猎，因为在发现的能人化石旁的工具非常简单，或许是用来切割被其它野兽杀死的动物的。他们只知道火会从天上掉落，或从地下喷涌而出，如果他们设法保存了草原上草和灌木燃烧后的余烬，就能使用火。他们知道，有了火，天黑后就不必再坐在黑暗中了。如果大自然允许，他们会时不时地用用火。不过他们还不会自己生火。

南方古猿
距今约420万年到140万年

弗洛勒斯人
距今约19万年到5万年

能人
距今约240万年到160万年

直立人
距今约160万年到25万年

学会控制火

人类是怎么想到控制火的方法的？是谁做到的？我们无从得知。人类使用火的起源已经消失在历史的迷雾中。然而可以肯定的是，这一发现加速了人类的进化。于是，不仅白天是明亮的，夜晚的篝火也能照亮黑暗。人们聚集在火堆旁，火给他们带来了温暖、光明，还吓跑了前来捕食的野兽。这让他们感觉更安全了。他们学会了烹饪、制作工具和武器，也学会了欢聚在舞动的火焰旁享受时光。他们聊天，讲故事，照看孩子。他们之间的联系越来越紧密——一个部落逐渐形成。

海德堡人
距今约85万年到10万年

尼安德特人
距今约10万年到3万年

早期智人
距今约25万年到4万年

古希腊人相信是普罗米修斯为人类带来了火，是他从神圣的奥林匹斯山上盗取了火种。因为这件事，宙斯判处他接受永久的刑罚。他命令将普罗米修斯锁在高加索山的一块岩石上，每天都有鸷鹰盘旋在那里，啄食普罗米修斯的肝脏。

烹饪与迁徙

随着时间的推移，人类逐渐意识到他们可以用火来烹饪食物，于是菜单上出现了烤熟的蔬菜和肉。烤过的食物有个很大的优点——比生的更容易消化。就这样，人类的身体用来消化的时间减少了，而节省下来的能量则用于大脑的发育。久而久之，人类的胃缩小了，肠道缩短了，而充沛的营养使人的脑部变大了，可以服务于"智人"的需求。

过去，由于光线不足，人类无法到达巨大洞穴的深处，后来，被火焰照亮的洞穴成了人类避雨御寒的舒适住所，人类的安全感提升了。因为可以随时取暖，人类不必再依赖温暖的气候，他们开始寻找新的居住地。有研究者认为，人类这才慢慢地从非洲迁徙到了亚洲和欧洲。

熏烤肉食

猎人学会了用火打猎。他们还不断地改进木制工具，如用火烧制让它们变硬，这样他们就可以成功捕获并杀死猎物。过去他们很少吃肉，通常是从已经被其他捕食者杀死的猎物身上割下几块。现在他们的战利品太多，以至于有些都被浪费掉了，所以他们要想办法储存。他们想出了用火来熏烤肉的办法，渐渐又发明出特制的火炉来熏烤。于是，四处迁徙变得更容易了，因为熏肉可以保存更久的时间而不变质。

慢慢地，人类学会了焚烧林木为耕种准备土地。草木灰是土壤的极佳肥料，烧过的土地很快就能长出可食用的植物。焚烧还有助于控制虫害。

自从学会了生火,人类就掌握了越来越多的火的用途,并且不断改良使用火的技术。人类先是发明了用火烧制陶器,然后又发明了制作陶器的窑炉。随着时间的推移,人类改进了技术,开始熔炼金属,用青铜制造武器、器皿等,后来人类又发明了炼炉来冶炼一种非常耐用的材料——铁。几千年来,如果追溯科技发展的历史,会发现源头就是火的使用。

如果没有火,就不会有玻璃。玻璃是在巨大的熔窑中烧制的。将石英砂与其他原材料混合后放入熔窑中,加热到约1500℃直至熔化,所得的物质就可以用来制作玻璃杯、玻璃瓶、钢化玻璃……玻璃的种类取决于原材料的成分。玻璃是一种非常环保的材料,使用之后还可以熔化重塑。

你煮面条用轻便的钢锅,但我们遥远的祖先是用什么烹饪食物的呢?我们今天所知道的最古老的陶器来自约2万年前的中国。它们由黏土制成,烧制手法还不太成熟,很易碎。那个时代的人们既不会种植农作物,也不会生产面粉,更不用说制作面食了。这些罐子并没有被完整地保存下来,但自1962年在中国江西发现仙人洞遗址以来,考古学家们仍在不断挖掘更多的碎片。

史前考古学家——史前历史的研究者

剑齿虎

长牙锋利

爪子锐利

嘴巴硕大

身体的肌肉发达

足强壮有力

特拉阿马塔遗址的发现

8月,法国尼斯的海滩上很难找到一块空闲的地方,餐馆、酒吧和咖啡馆也挤满了人。你可以点橙汁鸭、海鲜,也可以吃比萨饼,甜点是巧克力慕斯。如果是在约40万年前,你能在这里吃到烤鹿肉或犀牛肉。有擅长捕猎的早期人类生活在这一带,不过他们的烹饪可远没有现在这么讲究。他们只是打猎,然后把猎物的肉烤来吃。我们知道这些,要归功于亨利·德·拉姆利教授团队的工作,他们在尼斯郊外的特拉阿马塔遗址发现了壁炉。多亏了他们,我们可以推测,大约在40万年前,人类就知道了如何使用火。在英国、匈牙利和中国也有类似的发现。

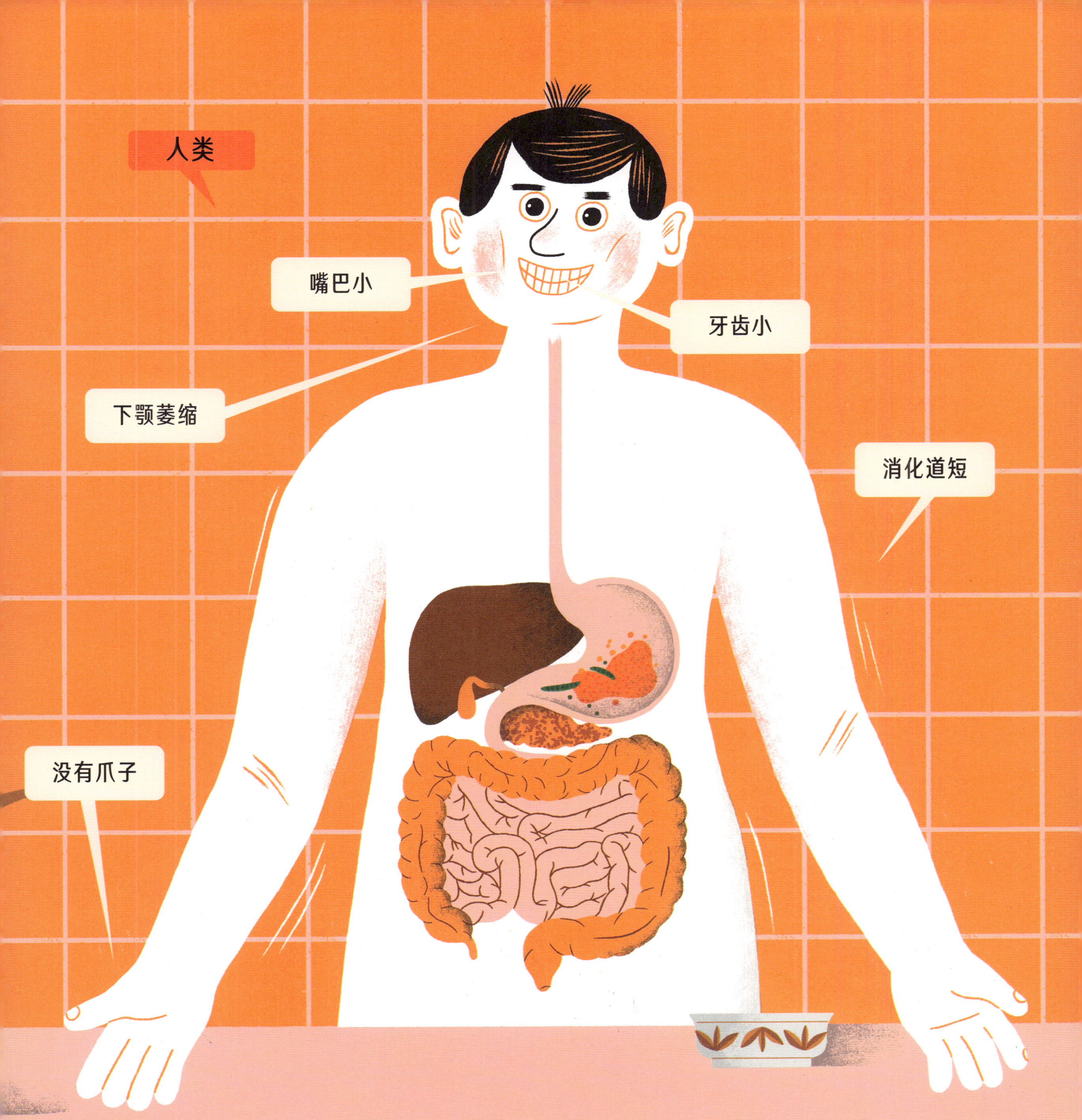

人类

嘴巴小

牙齿小

下颚萎缩

消化道短

没有爪子

解剖学的证据

美国的理查德·兰厄姆教授没有发现过200万年前人类使用壁炉、炉灶或锅的痕迹，但他却认为那时的人类已经能够使用火了。他分析了那时人类的解剖学特征——嘴巴小、下颚萎缩、牙齿小、消化道短等。在这位教授眼中，这些特征都指向一个事实：当时的人类一定常吃烤熟的肉，而不是生肉。这意味着人类在更早的时候就学会了使用火。然而，持怀疑态度的一方认为，目前并没有考古证据可以证实这一点。

如何研究史前文明？

如果你想知道爸爸妈妈或者爷爷奶奶的童年菜肴，问一问他们就可以。如果你想了解以前的人们是如何烹饪的，可以从回忆录、信件和书籍中获知。但是，在没有文字记载的时代，也生活着人类，我们该如何获取关于他们的知识呢？这正是史前考古学家要解决的难题。对他们而言，"编年史"是由动物化石、数十万年前凋零的植物碎片、沙子、石头和其他地质沉积物组成的。他们寻访踪迹，然后把这些细心发掘到的元素像拼拼图一样拼出全貌。拼成后也未必是最终的答案，有时会发现其中某个元素被放错了位置……

1925年，在非洲发现了距今300多万年的骨骼碎片，它们疑似是被烧焦了。这些遗迹似乎可以将人类使用火的年代推到极其久远的远古时代。然而，当骨骼碎片被送到化学实验室检验，才确认没有用过火的痕迹。这些骨骼碎片属于马卡潘斯盖特的南方古猿。

科学家们用越来越多的现代科技手段来研究数百万年前的动物骨骼、植物碎片等化石。电子显微镜可以研究微小的细节，计算机断层扫描和数字X射线成像技术能帮助科学家们深入了解化石的内部结构，专门的计算机程序能够进行可视化处理。1981年，从非洲的奥杜瓦伊峡谷发掘出的工具和动物遗骸被放到显微镜下。研究人员注意到，一些骨头上的切割痕迹应该是石器撞击造成的，但他们也发现了捕食者的牙印痕迹。因此，研究人员得出结论，不是能人捕杀了这些猎物，他们只是把已死猎物的肉切了下来。

通过实验室的科学研究，可以确定被燃烧物燃烧达到的温度，这也有助于发现人类最早期的食材。

擦出火花

今天，我们用手指轻轻触摸开关，灯就能照亮房间，而史前人类用两根木头摩擦了很长时间，才最终让它们升温擦出火花。有时候干草或树枝没有立刻被点燃，他们就不得不多次重复这个动作。他们必须有极大的耐心。等到终于设法把火点燃后，他们还要小心翼翼地不让火熄灭。虽然我们很难确定人类到底是在何时何地学会生火的，但他们肯定在不停寻找新的更容易的生火方法。

火石、火绒和火镰
——两千多年前的打火机

火石（又称燧石）是一种石头。火绒是取火用的可燃物——生长在树上的菌类，或是任何容易点着的东西（绒毛、干苔藓、干树叶等）。火镰是一种取火工具。几个世纪以来，火石、火绒和火镰共同组成了一套基本的生火工具。生火的整个过程并不容易，要用火镰熟练地击打火石产生火花，如果一切顺利，火花才会落在火绒上并将其点燃。

黄铁矿

黄铁矿（Pyrite）是一种淡黄铜色的矿物。它的英文名字来自希腊单词Pyr（火）。在人们还不认识铁的时候，它被用来生火。人们用火石击打或摩擦黄铁矿，产生火花。有的火石上面留有很深的凹槽，可见击打或摩擦的动作重复了许多次。1991年，德国游客在阿尔卑斯山的冰川中偶然发现了一具冻僵的尸体。令他们意想不到的是，他们发现的是一具5300多年前的古尸。在古尸的诸多随身物品中，人们发现了火石、黄铁矿等，他很可能是用这些东西生火的。这具古尸被命名为"冰人奥兹"。

黄铁矿

显微镜下生火的痕迹

如何验证发现的火石等工具是用于生火的？当波兰的格鲁代克和奇梅卢夫两地发掘出此类物品时，研究人员首先对它们进行了精确复制，然后仔细耐心地朝火绒上擦出火花。这个动作他们重复了很多次，因为火花总是要么太小，要么压根没有到达火绒。随后，他们在显微镜下观察了原始工具及其复制品，对比了两组石头被击打和摩擦时发生的变化。最终他们确定了出土的工具中哪些是用来生火的，哪些是用来打磨加工石头的。

法国和荷兰的科学家用类似的方法研究了在法国不同地区出土的工具。他们的研究表明，早在5万年前，尼安德特人就知道如何生火了。

光和热

在燃烧反应过程中，能量以光和热的形式释放出来。千百年来，人们以各种方式使用燃料。随着对燃料的需求越来越大，人们不断地发明、改进出更新更好的技术，开发出更多种类的燃料。

木头

几千年来，木头一直是最容易获得的燃料。时至今日，许多家庭仍然通过烧木头来取暖——你应该见过篝火和壁炉。

最早的火把是把木头一端浸在树脂里做成的。在过去的几千年里，一直有人用它给室内照明。人们发现，早在公元前3900年波兰科舍米翁奇的条纹燧石矿区里就有了使用火把的痕迹。此外，直到150年前，还有一些地方会用火把给乡村小屋和地下走廊照明。

煤

火把　　油灯

油脂

火把的光不足以照亮巨大洞穴里的每一处角落，所以人们巧妙地利用动物脂肪做成了灯。最初，人们只是简单地在石头上凿出碗状的凹洞，在里面放些浸泡过油脂的干苔藓，然后将其点燃。后来，他们学会了用黏土、青铜和其他金属制作器皿，也制作了灯具。他们往灯具里加入油脂，为了避免油脂洒出来，他们还改进了灯具的形状——灯的顶部是封闭的，只留一个小洞用来加燃料，灯的前部还有一个小洞用来装灯芯。你所熟悉的蜡烛也是类似的制作原理，不同的是，烛芯上覆盖的是蜂蜡、石蜡或硬脂酸等，而不是动物油脂。

粪便

收集牛粪饼可并不好玩，但如果你需要取暖，手边又没有任何木材或煤炭，还能怎么办呢？你只能将新鲜的牛粪与稻草混合，做成盘子大小的饼，然后放在太阳底下晒干。等到牛粪饼变硬，再把它们像木头一样整齐地堆放在壁炉边。牛粪饼很容易点燃，烧得又慢，在一些地方被用作燃料。

碳

碳在自然界中以多种不同的形式存在，大部分为黑色。在你的身边就能看到它，烤煳的面包或者烧焦的棍子上就有它的"影子"。当碳与氢结合时，就会形成碳氢化合物，比如汽油、柴油和天然气等。当碳与氢和氧结合时，就产生了碳水化合物，厨房里的糖和淀粉就是碳水化合物。

煤、石油、天然气

我们听音乐、打电话或看电影都要用电。世界上大部分的电能都来自于火力发电厂，是通过燃烧燃料生产的。我们通常用来发电的是煤、石油、天然气等化石燃料，它们都要经过数百万年的时间才能形成。巨大的蕨类植物、树木和其他植物慢慢腐烂，形成了泥炭。随着时间的推移，泥炭覆上了一层层的沙子、黏土和石头。久而久之，它们在高温、高压的作用下被压实，逐渐变成了坚硬、黑色、有光泽的矿物，就是煤。石油和天然气是由古代动植物遗骸变化形成的。这些化石燃料虽然埋藏于地下深处，但已被大量开采，总有一天会消耗殆尽……然后整个城市就会断电。此外，化石燃料的燃烧还会污染环境，这就是为什么人们一直在寻找更加环保的新能源，例如风能、水能，甚至太阳能。

石油　　　　　　　天然气

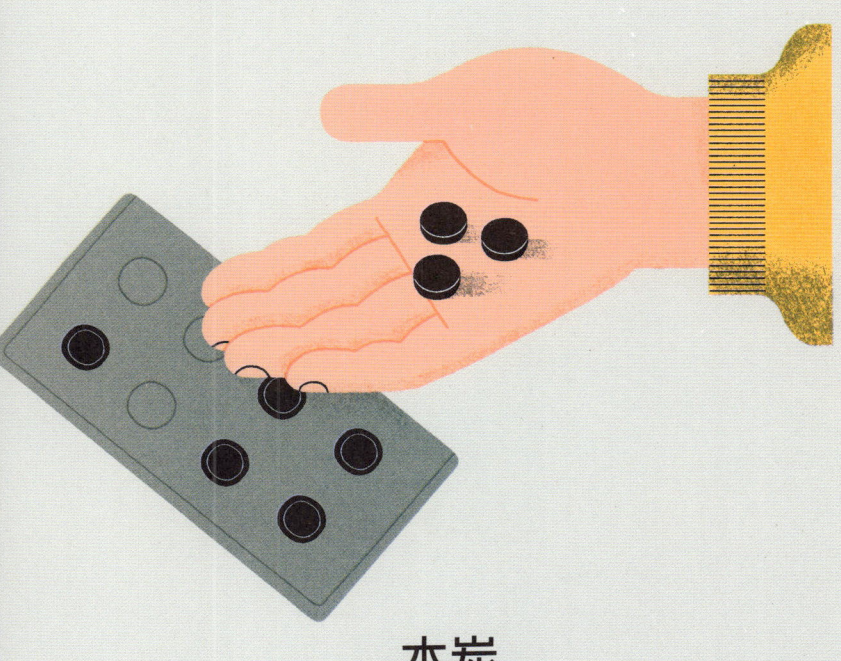

木炭

木炭是木材在特殊的炉子里烧制而成的。木炭自古就有，只是现在的制作方法发生了变化。烧制1千克的木炭大约需要6千克的木材。不过木炭燃烧时不会产生太多烟雾，燃烧速度也慢得多，又没有很高的火焰，因此非常适合用于烤肉，人们至今还在用它烧烤。一些木炭经过处理后变成活性炭，可以用于治疗胃病。

伊格纳齐·武卡谢维奇

1853年，波兰的一位药剂师伊格纳齐·武卡谢维奇发明了煤油灯，这是一项革命性的发明。它不产生烟雾，照明效果显著，而且比煤气灯便宜得多。在利沃夫的一家药房工作时，他在药房里屋的一个小实验室里进行原油的提纯试验，通过高温提取出精炼的煤油。就这样，他为自己设计的灯制作出了燃料。

灯泡

灯泡内部用一根非常耐用的细钨丝代替灯芯，它不会燃烧，而是会发出强烈的亮光。它的能量是由电流提供的。

用火作恶

不幸的是，人类并不总是将火用在有益的事情上面。历史上，火曾多次被用于蓄意破坏和杀戮。

埃米尔和侦探们

如果你喜欢冒险题材的小说，可以读一读埃米尔的故事——《埃米尔擒贼记》：他在柏林的一个火车站下了车，没有去找他的祖母，而是去追捕一个神秘的小偷。埃里希·凯斯特纳于1929年出版了这本书，他做梦也没想到，来自世界各地的孩子们会屏住呼吸关注小男孩埃米尔的命运；他也没有想到这本书会和成千上万册被禁的书一起，被德国的纳粹分子付之一炬。在柏林市中心，在歌剧院旁边的广场上，在凯斯特纳笔下埃米尔走过的街道上，德国学生们搬来的书高高堆在一起。纸燃烧得很快，一场大火迅速燃起，有人不断地往火里扔新的书。这些书大都是当时最优秀的作家的作品、最出色的小说以及睿智的哲学思考的结晶。它们唯一的缺点就是不被希特勒接受。现在，那里矗立着一座纪念碑。它很容易被忽略，因为这是一座地下纪念碑。想要找到它，你必须弯下腰，往脚下看。在玻璃板下面，你会看到一个空空的地下图书馆，而书架上什么都没有，只有书籍焚尽后留下的空白。

火刑

有这样一个关于伽利略的传说。这位意大利天文学家被教会法庭勒令,公开撤回他关于地球围绕太阳旋转的观点。教会认为这是异端邪说。伽利略服从了教会的命令,但据说他低声说了句:"但它仍然在动。"他没有被烧死在火刑柱上,只是被判处管制,他的作品被列为禁书。

另一位意大利学者布鲁诺的遭遇则不同。1592年,他因自己的观点被关进监狱,8年后,被判处死刑。在罗马的鲜花广场上,他被绑在柱子上烧死了。今天,如果你站在鲜花广场的布鲁诺纪念碑前,闻到的不是烟味,而是附近摊位上的香料、奶酪和自制香蒜酱的怡人香气。

华沙

1944年华沙起义后,德军的一支特种部队烧毁了战争期间未被摧毁的城区。一栋又一栋房子、一级又一级楼梯、一家又一家商店……士兵们手持可怕的武器和喷火枪,将一切淹没在火焰中。他们没有放过图书馆的珍贵藏品,最古老的书籍、地图和手稿都化为灰烬,其中一些已有500年的历史!如今,图书馆的这些无价之宝留下的灰烬被封存在一个玻璃容器中。

火焰时代

"我们已经经历了冰河时代和铁器时代,现在准备迎接火焰时代吧,因为冬天不会到来。"美国教授斯蒂芬·J.派因警告说。他和其他许多科学家一样,认为全球变暖会影响火灾的规模和严重程度。

动物

一只考拉笨拙地移动着,它的爪子被烧伤了,明显疼痛难忍。它甚至对消防车的刹车声都没有反应,消防员出来了,它也没有逃跑,像个孩子一样无助地坐着,只知道不停地从瓶子里喝水。之后,它被带到墨尔本附近的一个收容所,兽医给它治疗伤口,喂它吃东西,把它安置在一个围栏里,那里成了它暂时的家。许多动物就没有这么幸运了。2009年澳大利亚的夏天,成千上万只可爱的考拉死于大火之中。它们在桉树的树冠上度过每天的时光。当危险来临时,它们会爬向更高的树枝自救……但火势也在攀升,桉树迅速燃烧,这些行动迟缓的可爱动物获救的机会并不大。

"黑色星期六"

在澳大利亚，干旱、高温和野火都是常见的自然现象。农民架设了自己的安全体系，确保广阔的农场周围有一条防火带——那里没有任何可燃的灌木丛、草或树木。但随着近几年干旱和高温愈演愈烈，火灾正成为一个难以控制的因素。

2009年2月，在墨尔本，温度计显示的温度为46.4℃，突破了当地气温最高纪录！由于缺水，地面裂开了。干燥的风以每小时90千米的速度吹过，但带来的不是凉风，而是热空气。在这种天气里，一根破损电线迸出的火花在眨眼间就引发了一场火灾。大火瞬间将整片森林烧成了一团，热量辐射出几千米远。当地消防部门完全束手无策。更糟糕的是，随后还引发了火风暴。仅在墨尔本附近的基尔莫尔东部地区，就有超过1250平方千米的土地在燃烧——这快赶上比亚沃维耶扎原始森林的面积了。

这一天被称为"黑色星期六"，并被载入史册。这场大火吞没了近100万只野生和家养动物，包括鸭嘴兽、凤头鹦鹉，甚至像袋鼠这样的奔跑健将都没有逃命的机会。至于那些幸存下来的动物，大火也早已摧毁了它们的巢穴洞窟以及觅食之处……这些都无法迅速重建。

31

熊熊大火

从2019年9月到2020年初，澳大利亚大火已经持续数月。消防员们注意到，以前在距离火场几百米的地方才会感受到热浪，现在甚至在十几千米之外就能感到熊熊烈焰像炸弹从发射器里喷涌而出一般扑面而来。火势加速蔓延，同时点燃了多个地方。人们这才看到远处的地平线上升起烟柱，几分钟后，他们的房子就着火了！试想一下，燃烧的面积超过10万平方千米，大约是1/2个中国湖南省或3个比利时的面积……这就是这次澳大利亚火灾的规模。

在中国，当日最高气温达到或超过35℃，称为高温天气；连续3天以上日最高气温都超过35℃，称为高温热浪。

有数据显示，平均来说，人类的奔跑速度约为9千米/时，森林大火的蔓延速度超过10千米/时，草地上的火速约为22千米/时，袋鼠跳跃的速度能达到约70千米/时。

在火风暴中，上升气流很强，像烟囱一样将烟雾、灰尘和其他污染物输送到平流层。

火积云和火风暴

过热的空气从大火中升腾起来，卷挟着火花和燃烧的碎叶。但如果这场野火蔓延出几万平方米，会发生什么呢？温度会高出你的想象，空气迅速上涌，火花和烟尘都被卷入其中，然后就形成了高塔一样的火积云，云层移动，释放出闪电……再次引燃火焰。大火会产生火风暴，摧毁大片的土地。伴随火风暴而来的是强风，但如果你以为暴雨即将来临，那你就错了。火风暴带来的雨水很少，伴随的是非常强烈的放电现象。结果就是天火和地火同时引燃。

科学家们推测，随着气候变暖，还将出现更为剧烈的风暴、干旱和野火。他们不止在澳大利亚观测到这一点。2020年的8月底9月初，美国加利福尼亚州旧金山的天空突然变成了橙色，仿佛是被落日的余晖照亮了。然而这不是晚上，居民们还没有准备晚饭，手表的指针指向正午。原来是大火映红了天空，加利福尼亚州陷入一片火海。浓烟降低了能见度，使人们呼吸困难。干枯的植被成了极佳的燃料，许多地方同时起火。大火以前所未有的规模肆虐了近两个月，人们使用了一个词来形容它——巨型火灾。一切都是破纪录的：气温、着火面积、干旱程度、遮天蔽日地将白昼变成黑夜的烟雾量。

永冻层着火了

即使在地面常年结冰的地区也会发生火灾。2020年西伯利亚地区的6月很不寻常。没有下雨，气温超过了30℃，北极圈内甚至达到38℃。几处地方同时燃起了大火。干树枝和垃圾被点燃，风助长了火势，提供了氧气，热空气把火焰往上拉。老树烧成了火柱。

这片森林里生活着马鹿、驼鹿、貂熊、熊。山雀和太平鸟在森林里吵嚷，猫头鹰在傍晚时分开始狩猎。其中许多动物都没能活过那个夏天，而那些成功逃离大火的动物也无家可归，森林已不复存在。这里的泰加林里主要生长着松树、云杉等树种，它们的树干和树枝富含树脂，可以防御严寒，但无法抵挡火灾。含有树脂的树木易燃，燃烧时还会迸出火花。这些细高的云杉已经生长了几十年，但在几个小时内就焚毁殆尽。

泥炭

泥炭是一种化石燃料,就像煤一样。它在沼泽地区由植物残骸形成。树木燃烧得很快;泥炭则能燃烧很长时间,几个月后仍然能看到火光闪烁。在西伯利亚大火之后,即使在严寒霜冻之下,大面积的泥炭沼泽也燃烧了很长的时间,甚至破了纪录,产生的大量有害气体对大气造成了污染。

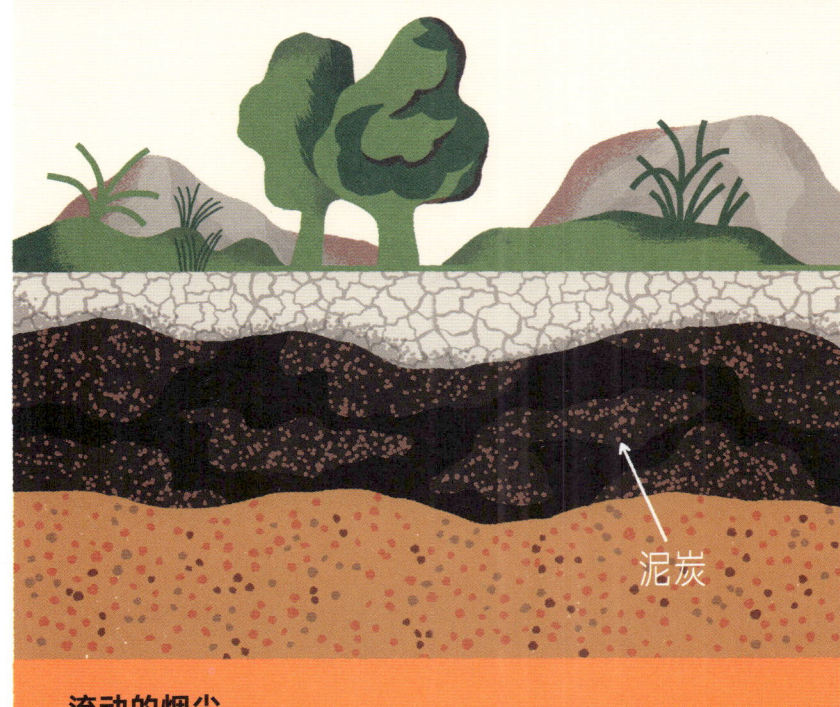

泥炭

流动的烟尘

澳大利亚的烟尘怎么会到达南美洲,加利福尼亚州大火的烟雾又是怎么远达纽约?热空气迅速上升,带走灰尘和烟尘。在高空,它会遇到气流,气流如同湍急的河流,将有害物质卷走,带到几百万米之外。加拿大泰加林区大火产生的烟尘被风吹到了格陵兰岛,在那里的冰川上沉积下来,形成了黑点。那些黑点又吸收了太阳的热量,加剧气候变暖。

龙蛋

美国加利福尼亚州和澳大利亚的火灾太过凶猛，灭火成了一场大规模的军事行动。先是从太空开始，预警系统利用卫星发回的图像和数据来监测火灾多发地区，这些数据有助于迅速进行火情预警。

一旦发生火灾，大部分救援行动都是在空中进行的。无人机可以到达最危险和烟雾最浓的地带，而这不会危及消防员的生命。无人机上的摄像机能拍摄到人类无法到达的区域，而图像会立即被传送到指挥中心的电脑屏幕上。有了这些图像，指挥人员就能协调众多的消防员、机器和志愿者，锁定火势蔓延的方向、判断火灾强度，从而提供精准的援助。

动力强劲的灭火飞机堪称"飞行水箱"——有的可以搭载1.5万到4万多升水。灭火飞机到达着火区上空，就可以投洒灭火。灭火飞机不能飞得太低，于是直升机派上了用场，"飞行水箱"到不了的地方就靠它们。直升机同样配有洒水系统，尽管携带的水量比灭火飞机携带的要少，但它们可以精确瞄准、悬停灭火，还可以快速往返，补充水量。机身配有软管，可以从周围的水源便

在澳大利亚2020年的这场丛林火灾中,有约3400名消防员、3000多名士兵以及大量的志愿者参与了灭火。但他们也只能尽力防止火势蔓延到其他地区。

捷取水。灭火飞机和直升机也可以进行干式灭火,在大火尚未烧到的地方,它们会投放泡沫或其他化学液体来阻止火势蔓延。

与此同时,人们还派出了配备有"龙蛋"发射器的无人机。"龙蛋"发射器形状像乒乓球,这些小球落地就会爆炸,造成小型着火面。它们会将周围干燥的灌木和草丛烧净,这样一来,即将蔓延过来的大火就没有东西可烧了。

核心援助来自空中,而与此同时,众多消防员正在地面灭火,疏散居民,救助动物。他们把机器开到尚未着火的区域,挖掘壕沟阻止火势蔓延。气象专家会追踪风向,提供天气预报。他们将所有数据发送到指挥中心,因为天气既可能帮助灭火,也可能会破坏行动……

我们能以火攻火吗?

每年,都会有来自世界各地的游客到美国约塞米蒂国家公园徒步旅行,参观世界上体积最大、最古老的树——巨杉。有些巨杉高达100多米,和三四十层的高楼差不多高。它们生长在火灾发生概率极高的地方——美国加利福尼亚州。然而这里的护林员居然会主动放火!你觉得奇怪吗?这是有原因的。

巨杉非常耐火。它们的树干上长着硬如盔甲的树皮,厚达半米,足以将火焰和热量挡在外面,保护树液流动以提供养分。有了这层树皮,这种树才能存活下来。同时,事实证明火不只是会产生破坏,还能帮助创造新的生命……巨杉的球果只有在高温下才会打开。有时松鼠会敲开比坚果还要硬的球果,但真正的种子传播还要借助火产生的热量。这种"计划烧除"的方法不会让火势失控,反而会燃烧掉大量无法清除的枯枝、干叶和树皮。如果置之不理,久而久之,这些干枯的枝叶和树皮会层层堆积在灌木丛中,成为野火的绝佳燃料。到那时,即使像巨杉这样强壮的树木也会受到威胁。

一只小河狸成功抵挡火焰的概率有多大？如果火已经烧到身边，它能做的也不多，但这种聪明的小动物往往会提前部署，比人们精心制订的防火计划的成效更好。河狸会筑水坝、造池塘、挖沟渠，在居住地周围搭建一个特殊的水系统，保护里面的动植物免受火灾的伤害，有时甚至还能阻挡住火势。

注意自身安全

那些深夜围坐在篝火边的人都知道，看着火光，唱着歌，烤着面包或香肠的感觉是多么美好。在这种时候，人们不会想到火灾。然而，了解安全用火规则是有必要的。森林火灾会摧毁乔木、灌木、苔藓、草类等植物，会烧死动物，幸存下来的动物也会失去食物和家园。森林火灾产生的烟雾和其他污染物会污染空气。大多数森林火灾都是人为引起的，通常是因为疏忽大意。

篝火安全

不要在森林附近生火。如果天气干燥，就要更加小心，因为只要有火星就可能会引起火灾。

清理干净篝火周围的树叶和干草。你也可以用石头把它们围起来，这样火焰就不会蔓延出来。不要在乔木和灌木丛附近生火。

晚上篝火使用完后，要把火彻底浇灭，不要留下余火，因为夜间的风会散播火星。

不要在森林里乱扔垃圾。不要乱扔纸屑，注意不要留下玻璃制品，因为在阳光下它们会聚光，从而引发火灾。

收拾垃圾

熄火用水

用石头围成圈

如何灭火？

灭火需要清除可燃物，隔绝氧气，降低温度。水的作用巨大，它能降温，在与火接触之后，转化成的水蒸气会取代氧气的位置。水枪直接对准火焰根部喷射，能快速扑灭火焰。

但要注意的是，并非所有的火都能用水扑灭。千万不要把水倒在热油上，否则热油会喷出甚至发生爆炸，并使火势蔓延，烧伤自己。如果锅里的油着火了，需要立刻叫成年人来处理。首先要关掉下方的燃气阀门，然后给锅盖上盖子，在冷却下来前不要挪动它。在油里撒上大量的盐也会有帮助。

不要用水扑救与电有关的燃烧物，否则会有触电的危险，因为水具有良好的导电性。安全的操作是采用拔掉插头等切断电源的方式，也可以使用特殊的灭火器。

沙子可以很好地隔绝氧气、防止飞溅。但它不能用来扑灭燃烧的石油或汽油，因为沙子会沉到燃烧的液体下方。

灭火器的类型

常见的灭火器有干粉灭火器、二氧化碳灭火器、水基型灭火器。它们的适用范围不同。

干粉灭火器：用来扑灭一般失火，也可以用于扑灭油、气等物燃烧引起的失火。

二氧化碳灭火器：用于扑灭图书、档案、贵重设备、精密仪器等物的失火。

水基型灭火器：用于扑灭非水溶性可燃性液体，如汽油、柴油等，以及固体材料，如木材、棉布等引起的失火。

烧伤的人身体发生了什么？

肺部

　　火灾中产生的烟雾，是燃烧物燃烧后产生的气体和颗粒的混合物。这些颗粒大小仅为沙子的几十分之一，很容易进入肺部。之后，身体会把它们当作敌人来对待，并像对抗病毒一样激活免疫系统。但不幸的是，免疫系统不能摧毁这些颗粒。烟雾颗粒只会让免疫细胞更加努力地"工作"，从而导致炎症的出现，有时还会造成肺部永久性损伤。有的燃烧物会释放有毒气体，如果你不得不在烟雾中穿行，最好用湿布或口罩捂住口鼻。请记住，火灾中烟雾会上升，你如果弯腰，吸入的有毒气体就有可能较少。

皮肤

　　皮肤是身体内部和周围环境之间的一道屏障，防止有害物质进入体内，负责维持身体适当的体温。但火焰会损坏甚至摧毁它。皮肤的损坏程度，可以由烧伤深度来判断：

　　I度：伤及最外层皮肤，也就是表皮浅层。皮肤会变得很红。

　　浅II度：伤及表皮生发层和真皮的乳头层。有水疱出现，疼痛很明显。

　　深II度：伤及真皮层，有水疱。皮肤会变得淡红，或者发白，疼痛较轻，愈合后多会遗留瘢痕。

　　III度：伤及皮下组织、肌肉或骨骼。严重影响血管、神经的连接，阻碍它们向大脑传递信息，破坏身体的正常机能。

　　如果你的烧伤较轻，应立刻把烧伤部位放在冷水中浸泡20到30分钟。不要在烧伤处涂抹奶油或其他油脂，应使用烧伤专用的药膏。

深II度烧伤

III度烧伤

帮助别人

如果有人的衣服烧着了，你需要马上让他躺倒在地上，然后用毯子、外套或厚床单盖住来灭火，接着立即拨打急救电话。注意：扑火物品的材料不能是纤维制品，以免熔化粘在身上。

寻求帮助

如果你遇到火灾，请立即拨打119火警电话。你应简洁、准确地告知这些信息：什么着火了，火灾地址，你的姓名和电话号码等。在确定你的报警被受理之前，不要挂断电话！

防火服

有时，消防员需要从燃烧的建筑物中将人或动物救出来，在这种情况下，他们就不得不进入火场中。特殊的防护服可以保护他们免受高温和火焰的伤害。他们还会使用氧气瓶，因为火场中是没有足够的氧气可以供人呼吸的。

对火的崇拜

火焰来势汹汹，横冲直撞，就像一头野兽，要吞噬掉面前一切的阻碍。有时候它们简直就像有生命一样，难怪人们对火总是既害怕又崇拜。在古代，人们相信，闪电引燃的天火和火山爆发时迸发的地火具有神圣的力量。世界各地的人们都将其视作神灵的礼物来崇拜。

在古希腊和古罗马的神庙里，人们会燃起圣火，向众神表示敬意。在希腊神话中，女神赫斯提亚是炉灶的守护者，供奉她的圣火在德尔斐经年不熄。罗马神话中对应的女神叫维斯塔，守护圣火的女祭司被称为维斯塔贞女，她们必须非常小心，不能让圣火熄灭，否则就会被施以鞭刑。

每年的2月1日是爱尔兰的传统节日圣布里吉德节。这个节日是为了纪念爱尔兰的守护女神圣布里吉德,她是火焰和生育女神,象征着春天的到来和生命的更新。

光明节

　　光明节又称修殿节、点烛节,一共历时八天。每天要点燃一支蜡烛,至少要燃烧半小时。到了最后一天,九支蜡烛(中间的一支蜡烛是用来点燃其他蜡烛的)在特制的光明节灯台上燃起,犹太人就开始准备丰盛的晚餐。他们会端上专为这一天准备的炸土豆饼和甜甜圈。在这天夜晚,家人们欢聚一堂,交换礼物。光明节通常在冬至前后庆祝,冬至是一年中白昼最短的一天。

圣露西亚节

每年的12月13日，瑞典会庆祝迎光节，也就是圣露西亚节。天黑后，人们成群结队地走上街头，队伍前列是穿着白袍的年轻女孩。她们手持点亮的蜡烛，走在最前面的女孩头上戴着点燃了蜡烛的头冠。

每到一年中白昼最长的那一天，北欧地区会庆祝仲夏节。人群聚集在河岸边，观看烟花表演。硕大的点缀着燃烧的蜡烛的花环被推向河面，庆祝活动一直持续到第二天早晨。在过去，人们会燃起篝火，年轻的小伙子跳过火堆，展示他们的敏捷和勇气。姑娘们会将插有点燃的蜡烛的花冠放到河面上，据说如果谁的花冠漂了很远蜡烛还没熄灭，那么她很快就会结婚。

排灯节是印度最重要的节日之一，会持续整整五天，以此庆祝光明驱走黑暗，善良战胜邪恶。房屋和商店的窗户上装饰着明亮的各色灯笼和煤油灯，天空也被烟火照亮。

奥林匹克圣火

通常情况下，飞机上是禁火的……除非是奥林匹克圣火。它可以搭乘飞机！它像其他乘客一样，系着安全带待在指定的座位上。圣火被保存在特制的火种灯里，由一旁的消防员全程守护。不过它很少乘飞机。每届奥林匹克运动会之前，人们在希腊奥林匹亚用太阳光引燃奥运圣火，再带它出发。圣火会由运动员和各界代表组成的火炬手接力传递，一路被护送到奥运会举办地。在奥运会开幕式上，火炬手手持火炬跑进体育场，点燃圣火，圣火将一直燃烧到该届奥运会结束。

古希腊时，奥林匹克运动会就在奥林匹亚举行，所以没有必要传递圣火。直到1936年的柏林奥林匹克运动会，才开始有了现代奥林匹克火炬传递的仪式。

在2014年索契冬季奥林匹克运动会举办之前,奥林匹克圣火曾在贝加尔湖湖底传递过。它怎么没有熄灭?原来人们设计了一个特殊的燃烧器,可以让它在水下燃烧。在这之前,为了迎接2000年悉尼奥林匹克运动会,奥林匹克圣火曾在大堡礁附近的海洋深处进行传递。

奥林匹克圣火到过世界最高峰、北极,也曾被俄罗斯宇航员带上太空。到达终点的方式各不相同,但传达的信息是一致的:这是传递和平的接力。

一开始,奥林匹克运动会既是体育竞技,又是宗教活动。运动员们通过比赛向天神宙斯致敬。过去人们不允许女性参加这些比赛,甚至不允许她们进入体育场。不过她们可以参加向天后赫拉表示敬意的赫拉运动会。第一届古代奥林匹克运动会于公元前776年在希腊的奥林匹亚举行。直到19世纪末的1896年,第一届现代奥运会才在希腊雅典举办。1924年首次举办了冬季奥运会。

蝾螈　凤凰　科莫多巨蜥

喷火的生物

在西方的童话故事里什么生物会喷火？当然是龙。许多国家都流传着这种庞大又危险的生物的传说。喷火巨龙斯毛格十分贪婪，最喜欢黄金和宝石。它清楚地知道矮人王国有珍贵的宝藏，于是就去袭击那里的居民，用大火吞没他们的房屋，摧毁他们的家园。它将宝藏据为己有，小心守护。多年以后，一个霍比特人、十三个矮人和一名巫师踏上了一段危险的旅程，要夺回他们失去的宝藏。这就是J.R.R.托尔金在《霍比特人》一书中描述的冒险故事。

在《纳尼亚传奇》中，有一条不同寻常的龙，虽然它也会喷火，却不会用火来杀人。它不费吹灰之力就能帮人们生火，哪怕是用潮湿的木头也不在话下；在寒冷的夜晚，它会用滚烫的呼吸温暖四周。

在波兰，所有的孩子都知道瓦维尔龙。人们会去克拉科夫一座城堡所在的山脚下拜访它。据说，很久很久以前，它住在那边的一个洞穴里，还会吃人。而今天，瓦维尔龙耐心地站在那儿，应孩子们的要求喷火。这

斯毛格

纳尼亚的龙

瓦维尔龙

神龙大侠

在电影《功夫熊猫》中，主角不是龙，而是神龙大侠。人们认为它能给山谷带来安宁与和睦。这部美国电影展现了中国传统文化中龙的正面形象：它们让人钦佩而不是恐惧，它们是力量和幸福的象征，不会动不动就到处喷火大肆破坏；相反，它们掌管着河流、海洋和雨水。

现实中的"龙"生活在印度尼西亚。它们是世界上最大的蜥蜴，身长可达3米，尾巴一甩就能拍死对手。这就是科莫多巨蜥。游客们可以在科莫多国家公园见到它们。不过千万要小心，虽然这些蜥蜴不会喷火，但很危险，随时会发动攻击。

条龙是座青铜雕像，是雕塑家布罗尼斯瓦夫·赫罗梅的作品。

神话里的蝾螈生于火长于火，沐浴在热火中却毫发无伤。真正的蝾螈生活在森林里，喜欢躲在岩石的褶皱或是盘根错节的树根之间。它们的皮肤潮湿润泽，黑色的身体上长着醒目的橙黄色斑点。据说在过去，人们经常见到蝾螈从扔进火里的树枝下蹿出来……于是就有了这些蜥蜴模样的动物喜欢火的奇妙传说。

凤凰只存在于传说中。在中国神话中，凤凰是百鸟之首、吉祥之鸟，寓意吉祥、永生。凤凰出现在天空中，预示着天下太平、国泰民安。"凤凰涅槃"是说凤凰在大火之中化为灰烬，获得重生。这也许会让你想起福克斯——《哈利·波特》中巫师阿不思·邓布利多的那只神鸟。

历史上的大火

伦敦

在17世纪的伦敦,木屋之间离得很近,你只需探出窗外,就能和邻居握手。屋顶上覆盖着易燃的稻草。1666年的夏天非常炎热,许多天没有下雨。一些井里的水都干了,平时湿漉漉的街道上积满了灰尘。

9月的一个晚上,一个面包店着火了。干燥的地板和墙壁立刻被点燃。很快,火焰穿过稻草屋顶直冲夜空,风吹散了火星和燃烧的木屑。居民被吓醒了,他们四处呼救。教堂敲响了警钟,但那时的伦敦还没有消防站。邻居们都来帮忙了,可光用桶装水又有什么用呢……他们想移走屋顶的稻草阻挡火势,但也无济于事。干木和稻草转眼就烧了起来。屋顶接着屋顶,墙壁挨着墙壁,一栋栋房子化为火柱,烟雾腾天。更糟的是,一股强劲干燥的大风卷走了火星。在一片恐慌中,人们套上手推车,抢救自己的财物。英国作家塞缪尔·佩皮斯描述了这次事件,他把葡萄酒和帕尔马干酪埋了起来,这些都是当时又昂贵又难买的物品。

大火烧毁了大部分城区,许多家庭变得一无所有。不久之后,伦敦成立了保险公司,开展自己的消防服务训练,有点像早期的消防队。不过这些消防队只服务那些挂着标牌,标明在特定保险公司购买了保险的建筑物,帮它们灭火。而在此之前,古罗马的情况更糟。消防员赶到后,会等着房主给个合适的报价。要是不满意,他们就站在一旁,看着房子被烧毁。

罗马

你知道吗？钉子在火灾中会被火熔化，然后在地下保存数百年。1000多年前一场大火摧毁了整座古罗马城。意大利考古学家克莱门蒂娜·帕内拉在罗马地下几米深处进行挖掘，发现了一扇烧焦的大门，还有散落的墙壁碎片和一些熔化的钉子。而这一带在当时是穷人区，远离罗马广场的石头建筑。那么，火是怎么烧到石头城区，摧毁了那里的建筑的呢？

研究皇帝尼禄的古罗马历史学家塔西佗认为，是尼禄本人想要摧毁这个富饶的中心地带。他早就想重建这座城市，但没有征得元老院的同意，所以干脆放了一把火。但一些一直研究那个时代的现代历史学家和考古学家并不同意塔西佗的观点。那些熔化的钉子或许能帮尼禄辩白。要知道，火越大，热空气就上升得越快，冷空气会取代热空气的位置来提供氧气。氧气会助长火势，增加空气的流动，风会变大。如果钉子熔化了，就代表当时的温度一定非常高，火势必然猛烈，那么热空气就有可能将火星散播到广场，从而意外地烧毁了整座城市。

巴黎圣母院

从12世纪到14世纪，这座法国最著名的大教堂花了将近200年的时间才建成。第一步是拆除老教堂和邻近的建筑。那一带变成了一片庞大的建筑工地，有很多的"车间"。那时还没有起重机、挖掘机和钻机，然而那里汇聚了最先进的技术和建筑解决方案。大教堂纤细高挑，超越时代，使周围的一切都黯然失色，它仿佛是永恒的。

2019年，巴黎的这座圣殿开始翻修。工人们在木制脚手架上行走。穹顶的骨架由巨大的橡木搭建而成，必须进行修复。4月15日下午6点50分左右，火灾发生了。干燥的木头起火很快。这一带很难通行，大教堂周围都是狭窄的街道，消防车很难开进去。风干了几个世纪的木材迅速燃烧。晚上7点53分，高耸的塔尖在全世界面前轰然倒塌。14分钟后，屋顶也被烧毁了。所幸火势在午夜前后得到了控制。

在太空

如果你想从波兰华沙去澳大利亚悉尼，就得跨越约1.5万千米的距离。从地球到月球的距离将近40万千米，目前还没人去过太阳。要抵达太阳必须克服两大障碍：近1.5亿千米的距离和6000℃的高温。太阳常常被称为"火球"，但其实那里没有火焰。太阳是由非常炽热的气体组成的，它和宇宙中的许多天体一样，是一颗恒星。然而对我们而言，它极其特殊，因为它不断地以光的形式给予我们能量。太阳的辐射会刺激原子加速运动，从而带来温暖。有了太阳，地球上才有了生命。

太阳　　地球

太阳表面的温度约为6000℃，但内部温度可以高达16000000℃。它大得可以容纳130万个像地球一样大的行星。它的光到达地球大约需要8分钟。太阳形成于约50亿年前。

太阳能电池板将来自太阳的能量转化为电能。面板的形状就像薄瓦片：它可以很小，像是计算器或手表里的电池片；它也可以很大，比如用在国际空间站的电池阵列。

拉

赫里阿斯

阿波罗

托纳提乌

拉是古埃及神话中的太阳神，古埃及人相信他是生命的创造者和给予者，认为他每天乘坐一艘特制的船从东到西航行，在一天结束时驶入地底。古希腊神话中的太阳神赫里阿斯乘着战车出行，但古希腊神话中流传更广的是另一位光明之神阿波罗的故事。古阿兹特克人崇拜托纳提乌，他是烈日之神，也是战争之神，赐予人们光明和温暖；人们相信托纳提乌必须用血液供养，否则他的光芒就会熄灭。

趣味小贴士

在澳大利亚的大草原，有会故意放火的鸟？听起来像是奇幻故事，但这是真的。几个世纪以来，澳大利亚原住民观察到黑鸢、褐隼和啸栗鸢的行为，它们用喙或爪子抓起燃烧的树枝，然后将它们放在干燥的草地上，引发火灾。长久以来，这些故事都被认为是未解之谜。如今，人们知道鸟类这样做实际上是为了把它们想要捕食的小型爬行动物和啮齿动物吓出来。

有一道闪电长709千米，是目前探测到的单次长度最长的闪电，它发生在巴西南部。还有一道破纪录的闪电持续了16.73秒，它发生在阿根廷北部。按下秒表，想象一下，在这段时间里有一道闪电照亮了你窗外的天空。

2020年8月16日，美国死亡谷——莫哈韦沙漠中一个异常干燥和炎热的地区——创下了100年以来最高的温度纪录54.4℃。

波兰别布扎国家公园的草地、森林甚至沼泽，在2020年燃烧了近一周的时间。大火烧毁了50多平方千米的土地，那里是麋鹿、松鸡和老鹰等野生动物的家园。

在大型森林火灾中，温度可达1000℃以上。

美国纽约著名的摩天大楼帝国大厦，每年都会遭受约100次雷击。

你也可以在画布上看到火。波兰画家扬·塔拉辛曾多次画火。然而,在《三把火》《大火》和《火》这三幅画中,你看到的不会是舞动的火焰,而是红色的光芒。

为了纪念重要的历史或宗教事件,世界上许多地方都会燃烧"永恒之火",形式通常是一个火焰永不熄灭的巨大烛台。华沙无名烈士墓就燃烧着长明火。

在俄罗斯的童话故事中出现的火鸟,尾巴带着火焰,但它并不在燃烧。火鸟有着强大的魅力。俄罗斯作曲家伊戈尔·斯特拉文斯基为芭蕾舞剧《火鸟》创作了音乐,这组音乐传播到了世界各地。

美国政治家、科学家本杰明·富兰克林,用一只风筝、一根线和一把钥匙从云层中引出了闪电。由此,他证明了闪电是一种放电现象。后来,他通过进一步的实验发明了避雷针。

在波兰别尔斯克附近有一座外形像火焰一样的博物馆,被称为"火之博物馆"。

北京市版权局著作合同登记号：图字 01-2023-5091

OGIEN
Written by Anna Skowronska, Illustrated by Agata Dudek and Malgorzata Nowak.
Copyright © Muchomor 2022
All rights reserved.
The simplified Chinese translation rights arranged through Rightol Media.
Simplified Chinese Translation Copyright © 2024
by Tianda Culture Holdings (China) Limited.
本书中文简体版权独家授予天大文化控股（中国）股份有限公司

图书在版编目（CIP）数据

不可思议的大自然. 第二辑. 火 / (波) 安娜·斯考罗什卡文；(波) 阿加塔·杜德克, (波) 玛格丽特·诺瓦克图；姚小菡译. — 北京：台海出版社, 2024.6
ISBN 978-7-5168-3741-2

Ⅰ. ①不… Ⅱ. ①安… ②阿… ③玛… ④姚… Ⅲ. ①科学知识-儿童读物②火-儿童读物 Ⅳ. ①Z251.3 ②TQ038.1-49

中国国家版本馆CIP数据核字(2023)第240354号

审图号：GS京(2023)2173号
书中地图系原文插附地图

不可思议的大自然（第二辑） 火

著　者：[波] 安娜·斯考罗什卡　文	
[波] 阿加塔·杜德克　玛格丽特·诺瓦克　图	
姚小菡　译	
出 版 人：薛　原	选题策划：大眼鸟文化
责任编辑：王　萍	策划编辑：罗雅琴　罗　爽
美术编辑：李向宇	

出版发行：台海出版社
地　　址：北京市东城区景山东街20号　　邮政编码：100009
电　　话：010-64041652（发行、邮购）
传　　真：010-84045799（总编室）
网　　址：www.taimeng.org.cn/thcbs/default.htm
E - mail：thcbs@126.com

经　　销：全国各地新华书店
印　　刷：河北尚唐印刷包装有限公司
本书如有破损、缺页、装订错误，请与本社联系调换

开　　本：787毫米×1092毫米	1/8
字　　数：71千字	印　张：9
版　　次：2024年6月第1版	印　次：2024年6月第1次印刷
书　　号：ISBN 978-7-5168-3741-2	

定　　价：158.00元（全2册）

版权所有　翻印必究

INCREDIBLE NATURE

第二辑

不可思议的大自然

土

[波] 安娜·斯考罗什卡　文　　[波] 阿加塔·杜德克　玛格丽特·诺瓦克　图

姚小菡　译

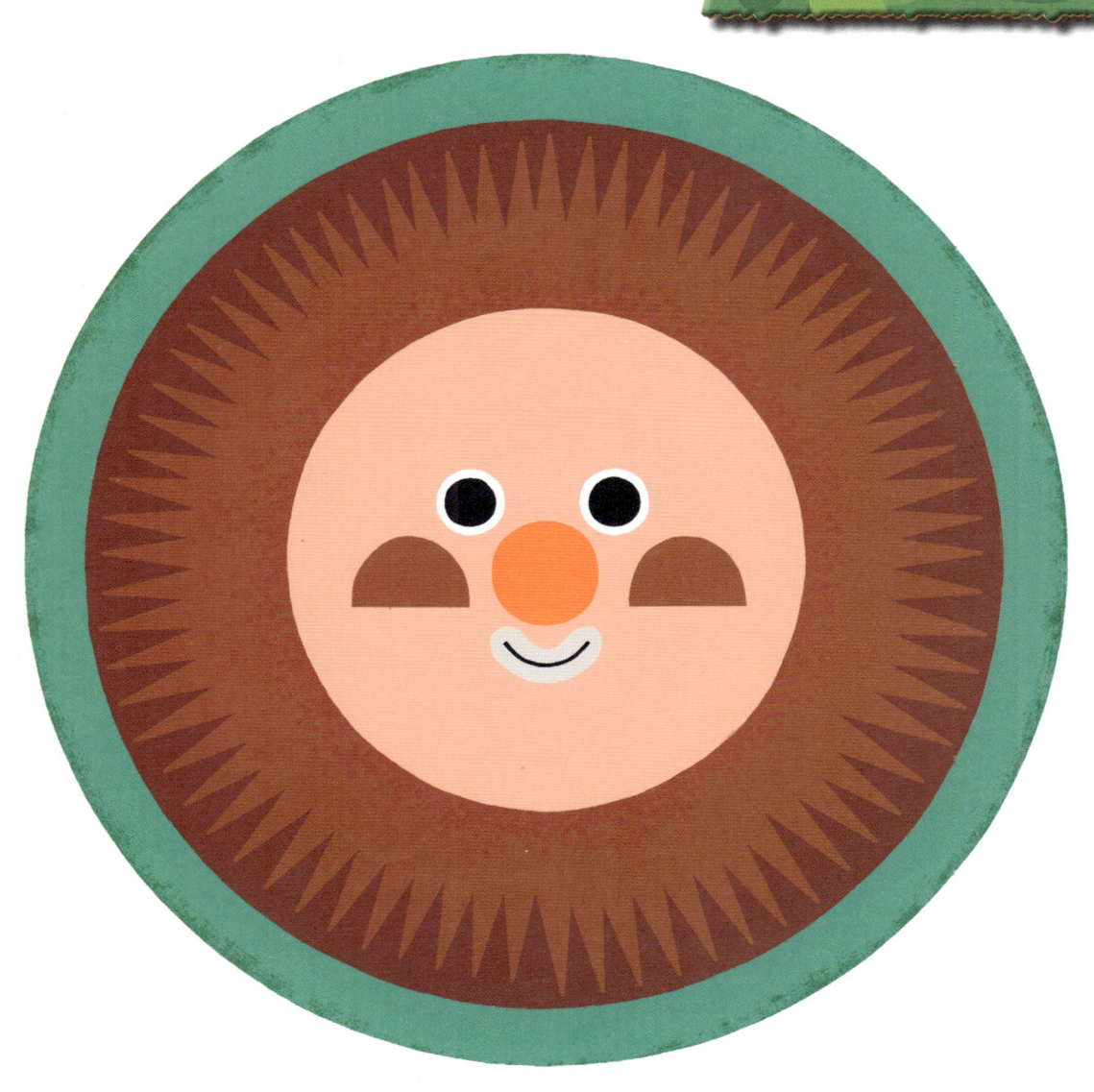

台海出版社

当你品尝着美味的草莓，或大口大口咀嚼香喷喷的薯条时，你可能并不好奇这些食物来自哪里，又如何出现在你的盘子里。然而，土豆和其他蔬菜生长的土壤对你来说却很重要，因为你吃的所有植物都要从土壤里获得营养。土壤由破碎的岩石、腐烂的植物和动物遗骸等经年累月演变而成，还受到河流和风等因素的影响。

土壤为我们提供食物、衣服，甚至住所。我们踩在泥土上，但当泥土弄脏我们的指甲时，我们也会清洗掉它。我们有时把土壤当成污垢，有时又小心翼翼地对待它。然而，我们脚下的土地仅仅是地球的表面。如果想到达地心，我们就得跋涉6000多千米，还要面对岩浆和超过6000℃的高温。地球是人类赖以生存的星球，这里有养育我们的土壤，以及我们行走的土地。

1 宇宙气体云

2 尘埃结合成碎片，碎片越来越大，直至形成球状

从星云到地球

地球似乎是最不可动摇、最坚固的，然而它却无时无刻不在发生着变化，只是我们不会每天留意罢了。曾经是海洋的地方，如今堆积起巍峨的山脉；曾经冰川矗立的地带，现在却形成了湖泊。如果回到46亿年前，我们压根找不到我们的地球。今天地球运行的轨道上，在那时只有气体和尘埃。

地球是由围绕太阳旋转的星云形成的，其中的气体和尘埃发生了剧烈的碰撞，并结合成较大的块状物和团块。碰撞形成的块状物和团块越大，引力就越大，从而能够吸引更多的物质，于是地球就慢慢形成了。这就像滚雪球一样，越来越多的雪黏附在雪球表面。和雪球不同的是，早期的地球是一个炽热的球体。地球受到小行星和大大小小的其他天体的撞击，产生的爆炸使得原始地球的岩石和金属熔化。密度大的物质下沉形成地核，密度小的物质浮向地球表面。在一段漫长的时间里，地球并不适宜生命的产生。灼热的岩石经过百万年的时间才逐渐冷却和凝固，形成了岩石地壳。在气体和热岩浆迫于压力而喷发时，地壳会裂开。通过这样的喷发过程，水就有可能浮到地球表面。同时，小行星和彗星对地球的撞击也带来了水。大约41.5亿年前，海洋形成了。

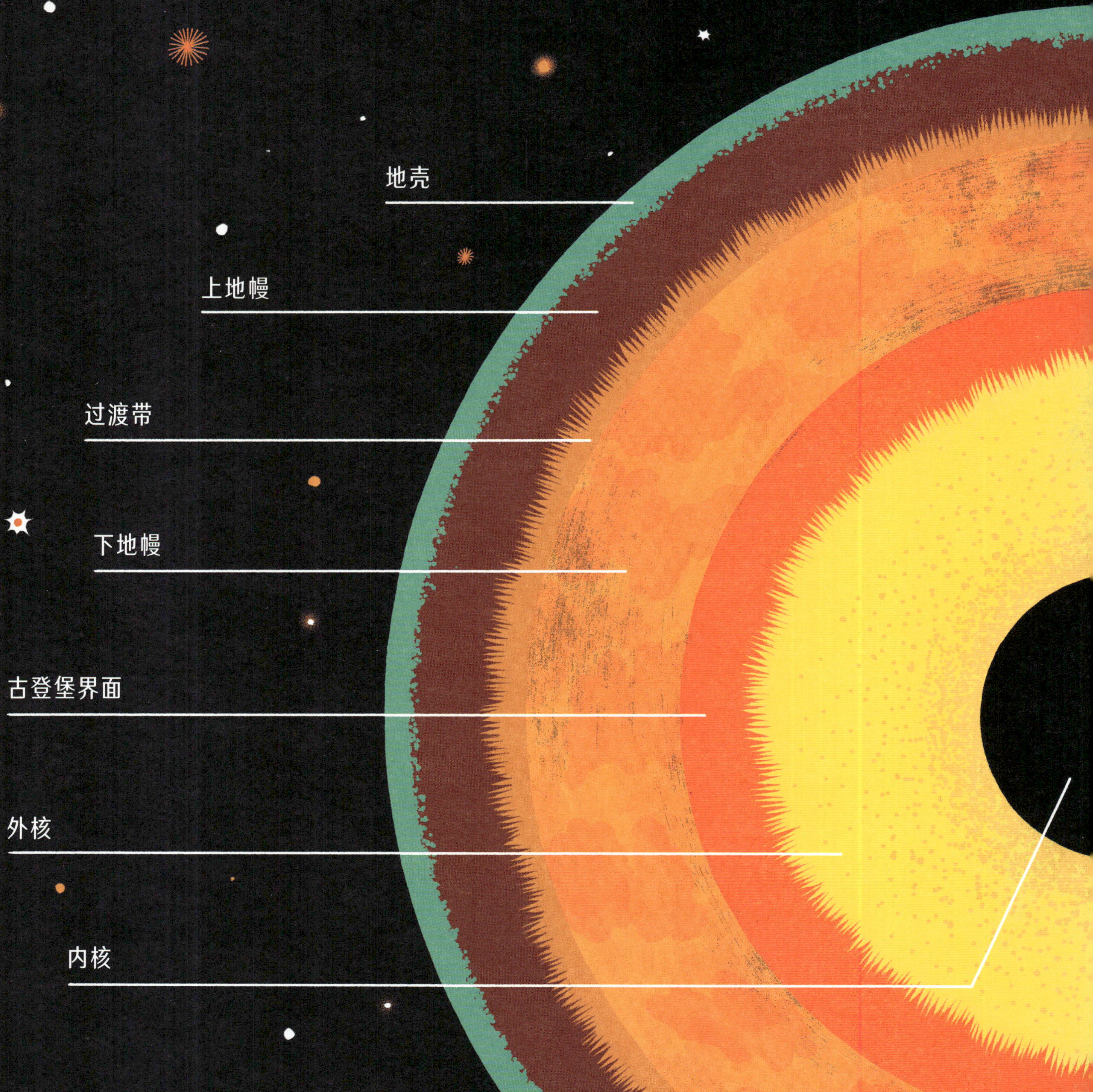

地壳

上地幔

过渡带

下地幔

古登堡界面

外核

内核

让我们借助一枚对半切开、未剥皮的熟鸡蛋，来更好地了解今天地球内部的样子吧。地球的地核就像是鸡蛋的蛋黄。地核的主要成分是铁和镍。地核的内核是一个虽然温度极高，但仍处于固态的球体。外核则是不停流动的液态金属，科学家认为，外核物质的运动形成了地球的磁场。地幔包裹着地核，就好像鸡蛋的蛋清包裹着蛋黄。地幔大部分是固态的，但有部分熔融态的岩石。地幔之上是薄薄的一层地壳，也就是我们日常所见、最为了解的地表。

用来煮意大利面的开水温度有100℃,它可以令你严重烫伤。在大火中,温度有时会达到1000℃。在玻璃窑炉内,温度可以达到1500℃甚至更高。地球内部则可以达到超高的温度:地幔温度最高可以到3000℃,地核的外核温度可以达到4000℃左右,而地核的中心温度可能超过6000℃。

我们脚下的地表距离地心大约有6371千米。海洋地壳一般有几千米厚,而大陆地壳则有几万米厚。地幔的厚度约为2900千米。地核表面到地心的距离约为3400千米。

太阳系的第三颗行星

与太阳的距离

地球与太阳之间相距约1.49亿千米。一束光走完这段距离大概需要8分钟的时间。

太阳系有8颗行星：水星、金星、地球、火星、木星、土星、天王星和海王星。海王星距离太阳约45亿千米，光从太阳到达海王星需要4个多小时。如果你在海王星上，太阳看起来并不比其他恒星大很多。

一年

地球绕太阳公转一周的时间就是一年，也就是大约365.25天。因此，每隔四年日历上就会多出一天——2月29日。我们将这一年称为闰年。

八大行星围绕太阳运转一周的时间各不相同。水星的一年约是88个地球日，而海王星的一年有将近165个地球年！在一些行星上，一年就是如此漫长。

一天

地球绕地轴旋转叫地球的自转，地球自转一周的时间为一天，也就是约24个小时。木星虽然体积庞大，但自转一周仅需要不到10个小时。金星的自转方向与地球相反，因此在金星上，太阳从西边升起，到东边落下。

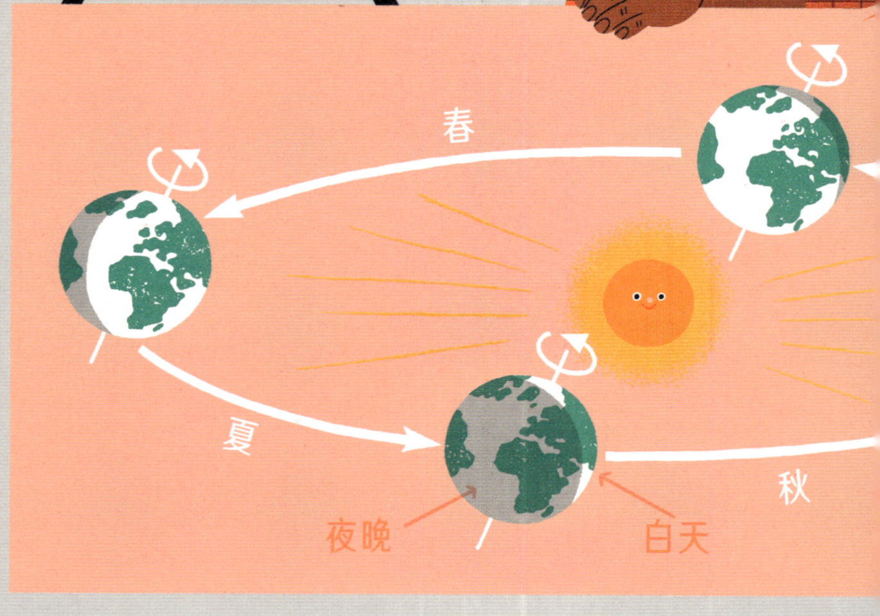

土星

天王星

海王星

构成

水星、金星、火星和地球一样,主要由岩石和金属构成,都为类地行星。它们四个当中,地球是体积最大的一个。八大行星中的其他四个行星是气态行星,体积比地球大得多。

月球

月球距离地球约38.44万千米,是地球的一颗卫星。到目前为止,已经有12个人踏上过月球表面。月球也是迄今为止人类唯一踏足的外星球。

火星有2颗卫星,海王星有14颗卫星,木星有79颗卫星。而水星和金星一颗卫星都没有。

引力

地球的引力会让抛起的球落下,而不是向上飘走。月球上也有引力,但比较小。在月球表面行走的宇航员,感觉体重仅为在地球上的1/6。

大气层

大气层是我们的防护盾。流星体在抵达地面前会先撞到大气层,大多数会在那里燃烧殆尽或是瓦解成碎片。大约6500万年前,一颗小行星突破大气层的防线,击中地球,引发了一场可怕的灾难。这次撞击造成了地球气候的剧烈变化,大量的动植物灭绝。在恐龙这个物种中,只有会飞的那些存活下来,成为鸟类的祖先。

金星的大气层非常厚,连太阳光也无法完全穿透,因此天空总是覆盖着厚厚的黄色云层。

大陆漂移

许多古代的大陆和海洋在现代世界地图上已经找不到了。如果你去探访2亿年前的地球,你可以穿越泛大陆——这块单一的超级大陆从北极一直延伸到南极。你可以在古地中海或泛大洋的海岸边坐坐,还很有可能遇到恐龙。不过你不会遇到人类,因为那时的地球上还没有人类。假如1亿年后,你想重游泛大陆,那就办不到了,因为那时泛大陆已经分裂成了几块较小的大陆。

泛大洋

地球的外壳就像一个巨大的拼图,它的板块在不停地漂移。就在你读这本书的时候,有的板块在分裂,有的板块正融合在一起。它们不断地改变着地球的面貌。有的板块变大了,有的则变小了,一些大的板块上形成了整片的大陆。地球的板块每年只移动几厘米,但经过几百万年,这些板块连同板块上面的陆地和海洋,会一同漂移几百甚至几千千米。你很难发觉这些变化,就像你察觉不到头发的生长一样,因为它们的进程都太缓慢了。

欧洲以大约每年2厘米的速度远离美洲。熔岩从板块之间的缝隙中流出,在大西洋冰冷的海水中凝固,形成新的地壳。洋底变宽,又促使这两块大陆相互远离。

2亿年前
现今

古地中海

泛大陆的英文"Pangaea"一词源自希腊语，意思是"整个地球"。这个词最早由德国地球物理学家魏格纳使用，他提出了"大陆漂移说"。尽管他无法解释这是如何发生的，但他发现南美洲和非洲的海岸线像两块拼图一样契合，而且在这两块大陆上发现了高度相似的化石，足以证明这些动植物一定曾经生活在同一片陆地上。

沧海桑田

今天的印度半岛位于亚洲，地处赤道以北。但在泛大陆时期，它是与南极洲相邻的！当泛大陆分裂后，印度洋板块开始向北漂移。这段旅程持续了大约1.5亿年，最终成就了世界最高山脉——壮观的喜马拉雅山脉的崛起。印度洋板块与亚欧板块相撞，使地壳褶皱隆起——就好比将一张平铺的纸从两侧向中间挤压。古地中海受到挤压，褶皱的沉积物上浮到海水表面，形成了喜马拉雅山脉的部分岩石。直到今天，还能在那里找到古海洋生物的化石。印度洋板块与亚欧板块的碰撞持续了数千万年，至今仍未结束。随着印度洋板块继续向北移动，喜马拉雅山脉还在以每年约1厘米的速度"生长"。然而与此同时，岩石也在慢慢退化，令这种增长更加难以察觉。

南美洲的安第斯山脉和欧洲的阿尔卑斯山脉的形成方式与喜马拉雅山脉的类似。安第斯山脉位于南美洲西海岸，绵延约8900千米，横跨7个国家，形成于8000万年以前。阿尔卑斯山脉则是欧洲最高的山脉，由非洲板块与亚欧板块碰撞形成。在数千万年的时间里，来自洋底和大陆的沉积物不断抬升，形成褶皱，从而造就了这条横跨意大利、法国、瑞士、奥地利、德国、列支敦士登和斯洛文尼亚的山脉。

卓奥友峰

干城章嘉峰

安第斯山脉

阿尔卑斯山脉

南迦帕尔巴特峰

安纳普尔纳峰

道拉吉里峰

马纳斯鲁峰

洛子峰

马卡鲁峰

珠穆朗玛峰

乔戈里峰

科学家们一直在研究板块运动的原因。最常见的假说认为，这是由地幔的运动引起的。

我们今天所熟悉的大陆在未来将再次处于不同的位置，有些大陆会消失，而新的大陆也将出现。东非可能会脱离非洲板块，同样，加利福尼亚可能会与美洲板块分离，而太平洋可能将不复存在。

大约350年前，为佛罗伦萨美第奇家族工作的丹麦科学家尼古拉斯·斯泰诺解剖了一条巨型鲨鱼的尸体。他注意到了鲨鱼的牙齿，总觉得好像在哪里见过。不久之后，他想起在附近山上发现的石头就是这个样子。他调查之后认定这些石头并不是看起来像牙齿，它们就是牙齿——更确切地说，是很久以前鲨鱼的牙齿的化石。

险象环生

岩浆

冰岛

火山

2014年12月底，汤加的一座火山爆发了，火山灰、蒸汽和碎石从太平洋海底喷涌而出。冷凝的熔岩和沉积的火山灰令一个大约1千米宽、2千米长、100米高的岛屿浮出海面。地球卫星的相机记录下了它的诞生。这座小岛的生命极其短暂，在2022年1月，也就是七年之后，另一次火山喷发令其消失于海面上。

尽管火山喷发被视作最为猛烈和危险的自然现象之一，但火山也是地球地貌的设计师，没有它们，就不会有今天的冰岛和日本。火山喷发的火山灰中富含营养物质，飘浮的火山灰散落在大地上，让土壤变得肥沃，长出绿草。而这些由地球内部物质冷凝而成的岩石，也能帮助科学家发现地球内部的奥秘。

富士山

不幸的是，火山喷发并没有固定的"时间表"，因此，我们需要对高风险地区进行持续监测。预示火山喷发的最常见的迹象有轻微地震、地表隆起和气体外泄等。科学家们现在仍然在研究火山的"习性"。

地球上大多数火山都是在板块的交界处形成的。当一个板块俯冲到另一个板块下方时，就可能形成火山。这时，岩石发生熔融形成岩浆，岩浆会上升到地表。还有一类不太常见的火山形成于板块的内部，那里有超密的岩浆浓度，被称为热点。岩浆向地壳施压，以巨大的力量喷出地表。灼烧的岩石碎片、尘埃和气体向上喷涌。夏威夷岛可能就是这样诞生的。现在地球上大约有1500座活火山，其中大多数都是从太平洋底部升起的，分布在环太平洋"火环"上。

地震

将一块鹅卵石扔进水中,你会看见水面上泛起层层涟漪。当板块相互摩擦时,会引发剧烈的震动,并以类似于水波的形态在地球内部传播——也就是地震波。地震波传到地表,导致地面迅速开裂和塌陷,于是就有了地震。

想象一下,如果地球从波罗的海到塔特拉山脉出现一道裂缝会怎样。1960年的智利大地震中就曾出现过,这是有仪器记录以来最大的一次地震。这次地震造成5700多人死亡,地震还引发了巨大的海啸,掀起25米高的巨浪,深入内陆3千米的范围,其强度可以将地面的房屋直接震平。一天后,超过8米高的海浪席卷日本的本州岛,摧毁了1600座房屋,造成近200人死亡。

与其他地方相比,板块交界地带更容易发生地震。地球物理学家能够知道哪些地方可能发生地震,但遗憾的是,他们无法预测地震何时发生。不过,我们可以考虑如何使自己免受灾难。建筑工程师设计了在地震中会摇晃却不会倒塌的建筑,这让许多住宅、学校和商店都得以保全。地震易发地带的居民也在进行逃生演练,学习在地震中如何逃生,因为有时候一个正确的做法就能挽救一条生命。

震级

地球上每天都有地震在发生,然而大多数都很轻微,人们往往察觉不到。只有最灵敏的测量设备——地震仪——才能记录到这些微弱的震动。有些地震会让人有震感,但不会造成破坏,这类地震每年发生十几万次。还有一些地震则会造成巨大的破坏。为了便于描述,人们发明了一套统一的衡量标准。正如用蒲福风力等级来衡量风力大小,我们一般用里氏震级来表示地震强度的大小。震级为2级时,我们几乎感觉不到任何震动;震级为3级时,汽车可能会晃动,就像有辆卡车从它身边驶过一样;震级为4级时,餐具会从桌面滑落,墙壁会嘎吱作响;震级超过5.5级时,墙面会脱落,家具会倒落;8级地震会导致建筑物、烟囱和墙壁坍塌。地震的里氏震级相差1级,释放的能量却会相差约32倍。

地球的内部有什么？

- 海伯利安红杉树 高115米
- 生活地最深的陆地动物——弹尾虫 深1980米
- 贝加尔湖 最深1620米
- 维洛夫金娜洞穴 深2212米
- 泰坦尼克号沉船 深约3800米
- 奥霍斯-德尔萨拉多山 高约6900米

谁能挖出更深的洞？

儒勒·凡尔纳的《地心游记》和刘易斯的《纳尼亚传奇》中的冒险故事都只是作家的幻想。迄今为止，人类只成功钻出过不到13千米深的洞。20世纪中叶，美国、德国和苏联都试图将钻探深度突破到地幔。苏联科学家们经过近20年的钻探后宣布失败，在科拉半岛留下一个约12.2千米深的洞。这个深度的温度已经上升至180℃，无法继续往下钻，但这还不足地表到地幔的一半距离。美国和德国的最大钻探深度超过9千米。位于新疆的深地塔科1井是中国第一口深度突破万米的科探井。

如今，人类探索地壳之下的尝试正卷土重来。科学家们的研究表明：海洋地壳比大陆地壳要薄得多。2012年，日本派出一艘名为"地球"号的深海钻探船，从水面以下7000多米的海底采集了样本，其中还包括海床以下约850米处的样本。后来在其他海域，"地球"号创下了海床以下2132米的钻探纪录。2015年，作为"SloMo"（慢速扩张脊下地壳和莫霍面的性质）探测计划的一部分，一艘美国钻探船在海底钻进了近800米的深度。多亏了它，来自不同国家的30名科学家都得以从地壳下层采集样本。

海底

如果海洋中的水突然间全部蒸发,就会露出遍布沟壑、山脊和火山的海床。海床被沙子、淤泥,以及动植物的遗骸形成的化石所覆盖,有些地方还有海底温泉时不时地喷发。海洋覆盖了整个地球表面约71%的面积,而我们对它的了解还很不够,它让地质学家忙得不可开交。海底考察艰险重重,派出遥控机器人去拍照和收集样本更容易些,也可以使用金属网和深海潜水器。石油钻井平台被用于海上钻井,像"地球"号这样配备钻井架的钻探船,可以自由穿越水域,在不同地点进行搜寻。钻探船会研究岩石、寻找铁矿,但最重要的是探索地球的历史。

声呐的发明让人类得以测量海洋的深度。船只向海底发射声波,海底将声波反射回船只,通过信号发射和接收之间的时间差可以计算出船只到海底的距离。当前的声呐测量数据非常精确,并可以快速给出媲美卫星图像的海底声呐图像。

地震波的传播

如果把地球比作一枚鸡蛋,我们甚至还没有打破蛋壳,那么我们怎么知道地球的内部构造呢?地震时会产生地震波,它在地球内部和地表通过不同密度和性质的岩石及其他物质传播。根据撞到的不同物体,地震波会进行减速或加速,也会像海浪一样反弹或断裂。地球物理学家研究了这些现象,并在此基础上得出地球内部是由什么构成的结论。

伊米拉克

数十亿年前的照片

如果你想了解角斗士的时代，可以去参观罗马斗兽场；要感受骑士竞技的氛围，就去波兰瓦维尔城堡。可要是你想了解数十亿或者数百万年前的历史呢？如果岩石会说话，它们肯定会讲述许多有趣的故事。幸运的是，科学家们可以通过岩石的颜色、化学成分、层理等信息来"听"懂岩石的语言。就像历史学家查阅文档一样，地质学家和地球物理学家从岩石中了解我们这颗星球的历史。他们不仅研究地面的岩石，还会分析陨石的结构，因为陨石中包含了地球形成初期的信息。

伊米拉克是一块重达1000千克的陨石，它在数百年前坠落到智利北部的沙漠，如今在世界多个博物馆中都能看到它的碎片。它主要由铁、镍和橄榄石组成，诞生在大约45亿年前天体碰撞的动荡时期。它的温度曾升至极高。这块陨石的结构显示，高温导致的铁和镍熔化后向内塌陷，而质量较轻的物质则留在陨石表面。科学家们认为，地球的形成也经历了类似的过程。

地球形成时期的最古老的痕迹可能就留存在一种非常坚固的矿物——锆石中。

锆石

特普伊山

在巴西、委内瑞拉和圭亚那三国的交界处有一块高原,它的历史可以追溯到泛大陆时期。这里坐落着传说中人迹罕至的特普伊山,高达2000多米的桌状山体与地面几近垂直。由于气候湿润,这里在一年中的大部分时间都被云层淹没。谁会想到在这些主要由砂岩组成的坚硬岩石中会有洞穴呢?一群科学家组织了一次前往特普伊山的探险,结果超出他们的想象:他们发现了一片人类从未涉足过的洞穴。洞穴里钟乳石和石笋形态各异:有的像簇生的蘑菇,有的像烟囱里冒出的烟雾。比洞穴中的美景更为重要的是,这里从未受过风、水的侵蚀和人类活动的影响。它就像一个匣子,里面封存着数百万年前的历史,等待着人们去开启。

一直以来,特普伊山都令探险家和作家非常着迷。《福尔摩斯探案全集》的作者阿瑟·柯南·道尔就曾被特普伊山的报道所吸引,写下了小说《失落的世界》。在小说中,一支探险队前往一座类似特普伊山的山峰,在那里发现了幸存的恐龙和猿人部落。遗憾的是,这个故事是作者虚构的,不过人们的确在特普伊山发现了许多其他地方没有出现过的动植物物种。

地下宝藏

1953年6月2日，在数百万英国人民的注视下，坎特伯雷大主教将圣爱德华王冠戴在了女王伊丽莎白二世的头上。这顶王冠于1661年制成，由纯金打造，重量超过2千克。几个世纪以来，它只供历代君主在加冕典礼上佩戴。加冕仪式结束后，圣爱德华王冠被放回祭坛，而女王则戴着帝国王冠离开教堂。帝国王冠没有那么古老，但却镶嵌着红宝石、蓝宝石、祖母绿、珍珠和2868颗钻石。这些钻石里就包括大名鼎鼎的"库里南II号"。这颗钻石来自110多年前的南非比勒陀利亚附近的一个矿场，它是从一颗钻石原石上切割而来的。这颗世界上最大的钻石原石被赠予伊丽莎白二世的曾祖父——国王爱德华七世。当时这件稀世珍宝被装在一个贴了邮票的普通盒子里，从南非寄到了英国。为了转移小偷的注意力，还有一支护卫队运送假宝石。这颗原石随后被切割加工，制成了9颗大钻和96颗小钻。其中最大的"库里南I号"钻石，也就是"非洲之星"，被镶嵌在了英王的权杖上。

钻石是金刚石，是迄今为止人们发现的硬度最大的物质。一般在地表以下超过150千米的深处形成，极有可能随着岩石运动到地表。因此，钻石会在矿区被开采出来。大多数情况下，钻石是无色透明的，但也有黄色、粉色或蓝色等颜色的钻石。

淘金热

美国的一名木匠詹姆斯·马歇尔在建造工厂时从附近的溪流中发现了一片薄薄的黄金，他也因此被载入史册。马歇尔和他的老板都不想宣扬，因为他们知道这条小溪可能会变成一个金矿。然而消息还是传了出去。首先动身的是旧金山人，他们离开城市来到这里寻找幸福和财富。很快这股淘金热就席卷了美国大部分地区。来自东海岸、欧洲甚至中国的人群都涌向加利福尼亚，车载船装，熙熙攘攘。1848年至1851年间，淘金者的数量从5000人增加到了12.5万人！加拿大的北部也上演了同样的剧情，有人在克朗代克河的一条支流——博南扎河发现了黄金，那里的城市也被蜂拥而至的人潮淹没。那里气候恶劣，工作条件比加利福尼亚更加艰苦，许多淘金者失去了健康甚至生命。

迪士尼动画片《克朗代克国王》中的史高治·麦达克就是一个淘金者。

黄金也可以从矿山中开采而来。迄今发现的金矿主要分布在澳大利亚、俄罗斯、美国、秘鲁、加拿大、中国、南非等国家。

如何用羊付款？

很久之前，人们还没有发明货币，交易就是以物易物。不过这种交易方式很不方便，比方说你有一群羊，怎样才能把羊群带在身边用于交易呢？还有，假如你想买一样价值低于一只羊的物品，你要怎么卖掉四分之一只羊呢？因此，人们一直在寻找更小更便携的替代品，用来衡量各类商品的价值。金、银、铜等稀有的金属成了最好的选择。起初人们使用金块，但每次交易都要称重。最终，金块被纸币和由金属制成的硬币所取代。

盐

如今，你在任何商店都能以低廉的价格买到盐。但在几个世纪前，盐可是真正稀有的珍宝。谁拥有了盐，就拥有了财富。食盐取自海水、盐井、岩盐。岩盐是从盐矿中开采来的，自古以来，这些盐矿通常属于统治者。在欧洲，许多盐矿的旧址上建起了博物馆。你可以沿着地下观光路线探访盐矿的餐厅、休息室，还有装饰着盐雕和盐吊灯的教堂。

多少钱？

油

岩盐

海盐

食用盐

金库中的宝藏

红宝石有多种色调,有红、紫红、橙红;蓝宝石常见的是蓝色的;石榴石有红紫色、黄绿色等颜色;紫水晶的颜色从浅紫到深紫都有;绿松石呈天蓝色、苹果绿色或蓝绿色。在世界各地的博物馆中,这些宝石流光溢彩,装点在皇室王冠和贵族的戒指、礼服、手套等物品上,有些超乎寻常地昂贵,有些更是无价之宝。有的宝石特别大,比如产自哥伦比亚木佐矿的一块祖母绿,它由两块长在一起的钻石组合而成。罗马皇帝斐迪南三世下令把它制成一个容器。这是一个前无古人后无来者的决定,从没有人用一整块祖母绿制作过器皿。这个容器现在陈列在维也纳霍夫堡的皇家珍宝馆中。

比黄金更珍贵

你知道钪、钇、镧是什么吗?你听说过锴或钽吗?它们都是稀有金属。虽然人们不会将它们放进保险库,但它们非常珍贵,没有它们可能就没有现代科技。这些金属被用于医疗、冶金、航天等领域;没有它们,我们很难生产出智能手机、光纤、电动机、防紫外线车窗等。有些稀有金属在地壳中的含量不算稀少,但是分布较为分散,很少富集在一块区域,所以不易开采。中国和美国拥有丰富的稀有金属资源。

黑曜石,又被称作火山玻璃,具有极其锋利的边缘,切割物体效果极佳。它在石器时代特别抢手,因为用它制成的刀是当时全世界最好用的!即便在今天,相比于钢制的手术刀,有些外科医生也更青睐黑曜石制成的手术刀。用它制成的刀刃比钢更脆,但更加锋利,切割的刀口更加平滑。

能源库

煤、天然气和石油是在数亿年前由动植物的遗骸形成的。今天,它们都是很重要的能源。但是,这些矿藏最终会耗尽,而且这些能源的使用也会产生污染。我们还有许多绿色能源可以使用,比如风能、水能、太阳能和地热能等。

能源

煤　　石油　　天然气

风能　　太阳能　　水能

铀是一种元素,没有它就不会有核电站。1克铀裂变产生的能量相当于大约2吨煤燃烧产生的能量,而且不会对环境造成危害。不过如果核电站出现核事故,周边地区会受到严重污染。铀矿床深埋于地下,主要分布在澳大利亚等国。

地球内部的热量不断向外辐射，靠近地表的岩浆会加热岩石和地下含水层。这种高温可以用于取暖、烹饪或发电。然而只找到热点还不够，想要从地球内部"提取"能量，还需要水或蒸汽将热量输送到地表。

← 泉眼

温泉

从地表到地心，越靠近地心温度越高。从地表下30米开始到岩石圈的下界，深度每增加1000米，温度大约升高30℃。

最简单的方案是利用现有的地下热水，直接为建筑物、游泳池等场所供暖和供热。在这种情况下，只需要钻一口井（类似于石油钻井），将地下热水抽出，然后通过管道输送到需要的场所。等到热量耗尽，水再流回到地下，形成一个循环。以这种方式获取的能源既不像风能或太阳能那样依赖天气，也不会破坏地貌。可惜地热能的利用并不容易。地下热水有时会干涸；有的地下热水中矿物质含量很高，会损坏管道。冰岛位于板块的交界处，有许多间歇泉，它们无须钻探就会自动喷发。因此那里的地热能得到广泛使用，既能用于供暖，也可用来发电。在美国，人们必须通过钻探才能获取地热能，代价也就更为昂贵。

汽轮机　　发电机

水蒸气

温水

大约2000年前，罗马人在英国的小城巴斯兴建了体系庞大的水疗中心，里面设有桑拿和游泳池，抽取的就是地下温泉。巴斯（英文为Bath）这个城市的名字在英文中的意思就是"浴缸"或"澡堂"。

建造地热电站需要高温水，而高温水通常存在于活火山附近和板块的交界处。从地热中获取的干蒸汽或水蒸气驱动涡轮机，从而驱动发电机工作。要获取地热，钻孔需要深入地下600至1000米，但也不能太深，因为水会在流向涡轮机的途中散失热量。

冷却塔

管道

美国俄勒冈州克拉马斯福尔斯的冬天十分严寒。当城市被大雪覆盖时，地下温泉的热水就会为桥梁和人行道供暖，防止积雪堆积。

中心温度超过6000℃

地球内部的热量巨大，人们现在利用的地热能还非常少。

巨型建筑工地

　　暂时放下手中的书,环顾四周,你能看到沙子吗?除非你是在沙滩上读书,否则可能看不到。不过你视线范围内的某个地方肯定有沙子,只是你可能意识不到它的存在。墙壁、建筑物的地基、街道、高速公路、玻璃、眼镜都由沙子制成。它甚至还被用来制作计算机的中央处理器。

　　岩石经过几千年甚至几百万年的风化形成了沙子。沙子被风或水流从山区搬运到河流、海洋,并在途中逐渐被碾压,变得破碎。人们可以追溯沙子的历史,甚至可以通过沙子发掘地球的演化历程。沙子有不同的颜色,是因为它们来自不同的岩石:石英砂岩颜色很浅;玄武岩是黑色的;橄榄石是绿色的。我们可以用肉眼分辨沙子的颜色差异,但如果想找出沙子的来源并确定其成分,就需要借助显微镜了。在海边,大浪经常冲击海岸,因此那里的沙子圆润而光滑;而山间溪流中的沙子就要粗糙得多。

白沙是由鹦嘴鱼的粪便形成的。鹦嘴鱼会吞食珊瑚枝，还会刮食珊瑚和岩石上的藻类。之后它们会将不能消化的钙质颗粒排出体外，这些颗粒会形成白沙。

岩石碎裂的方式多种多样：有的岩石遭到风的长期侵蚀，逐渐破碎；有的受到水流的缓慢溶解和长期冲刷而碎裂；有的受到植物根系的侵入而破碎；有的因渗入裂隙中的水冻结成冰或受析出的新晶体挤压而爆裂。此外，温度的突然变化也可能导致岩石碎裂。

海岸或沙漠里的风会把沙子吹到一处形成沙丘。有的沙丘令人惊叹，例如秘鲁的布兰科沙丘高达1000多米。

显微镜下的沙子

人类每年开采的沙子超过500亿吨。在一些地方，人们会从海底开采沙子。这些沙子是大自然的馈赠，人们无须花钱购买，但要组建一支采沙船队却代价不菲。现在已经有可以装载8万吨沙子的运沙船了。遗憾的是，挖掘沙子会对自然造成破坏。当人们从海底抽走沙子，实际上就摧毁了生活在那里的一切，那里的动植物的生存状态很难得到修复。此外，水泵会将浅层与深层的海水混合，从而导致海水浑浊，透光率降低，也就扰乱了海底生命的繁殖生长。沙子的价格不断上涨，许多地方都出现了非法开采的现象。

地球就像一个巨型建筑工地：摩天大楼、公寓、独栋住宅、仓库和工厂不断拔地而起。建造这些建筑都需要沙子。

朱美拉棕榈岛

21世纪初,迪拜正处于飞速发展时期,土地极为稀缺,高耸的摩天大楼一直盖到了沙漠边缘。于是,有人提出用沙子建一个岛,然后这个奇特的想法就被付诸实施了。材料应该是足够的——毕竟,迪拜城墙外就是绵延数千米的沙漠。可是这里的沙子太细了,很容易被水冲走。因此,人们先从波斯湾海底挖出大约1亿立方米的沙子,再由运输船运送到迪拜港口。同时运抵的还有700万吨来自哈杰尔山脉的岩石。一个棕榈叶形状的岛屿成型后,它又变成了一个巨大的建筑工地。挖掘机和起重机穿梭不停,道路、酒店、别墅和游泳池相继建成。

障壁岛

大自然塑造了将海岸与海水分开的沙岛。海浪和洋流会卷走海床上的沙子和沉积物,长年累月就形成了形状和大小不断变化的障壁岛。

雕刻家和建筑师

砂岩和花岗岩

2000多年前，纳巴泰王国的首都佩特拉，是一座几乎完全由砂岩建成的非凡城市。然而建造这座城市的工人们并没有将石头从山上凿下来，而是在一片荒地的岩石斜坡上凿刻出了数米高的房屋、陵墓和庙宇。他们在石头沙漠之中建造了一座绚丽的花园城市。他们开发出了一套令人惊叹的取水和供水系统：他们在岩石中开凿出水库和蓄水池集蓄雨水，并通过石制管道供水，让这座城市成为名副其实的绿洲。那时，前往亚历山大港口和罗马的商队，带着满载香料、熏香和芳香植物的骆驼在此停靠休憩。得益于此，佩特拉也变得富裕和强大。

砂岩是地球表面岩石经过长时间的风化等作用，由碎屑沉积形成的。地质学家通过砂岩来研究地球的历史，而建筑师则用它制作艺术品。

如今，砂岩被用于制作铺路石和路缘石，也可用于地板和建筑外墙的覆层。刚开采出来的砂岩比较潮湿，很容易碎裂，但会随着时间推移逐渐变硬。

乌克兰的敖德萨阶梯，以其宽阔、巨大的台阶吸引着全球的徒步旅行者。从海边到市区需要爬192级台阶，中间有10个平台。最初，这里只有简陋的木制楼梯，爬起来不太舒服。直到1841年，木制楼梯才被庞大的石砌阶梯取代。人们专门从意大利的里雅斯特港运来砂岩铺设台阶。然而，过了一段时间后，人们发现砂岩不够耐用，它们无法承受居民和游客的踩踏，日渐磨损，于是人们又把它们换成了灰粉色的花岗岩。

花岗岩

花岗岩形成于地球深处，是一种非常坚硬的岩浆岩。

石磨

人们通常用砂岩、花岗岩等来制作可以研磨谷物的石磨盘和石磨棒。

火山凝灰岩

火山凝灰岩是由火山灰沉积形成的火山碎屑岩石，质地较软。

在埃塞俄比亚阿布纳约瑟夫山的山脚下，如果游客专注于抬头欣赏山景，可能会忽略下方那11座岩石教堂。从悬崖边可以看见这些教堂的屋顶，走下陡峭的阶梯，就能看到教堂的外墙和内部结构装饰。900多年前，5000多名工人遵从国王拉利贝拉的命令，日夜不停地在质地柔软的凝灰岩上开凿出教堂。因此这些教堂被叫作拉利贝拉岩石教堂，也被称为"非洲奇迹"。

1963年，一个土耳其人在翻修房子时拆掉了墙体，竟意外发现墙后是一片错综复杂的廊道。在这里，在火山凝灰岩上挖凿的不是一个个独立的建筑，而是一个地下城。它大概建成于公元前7世纪，但20多个世纪以来，早已被人遗忘。这座地下城共有8层，最低的走廊建在地下85米，可以容纳2万多名居民。人们通过通风井来获得空气，凿通水井从深埋地底的地下河汲取水源。地下城里有走廊、粮食仓库、酿酒坊、油厂和牲畜圈等。这个城市的名字叫作德林库尤，在土耳其语中，这个名字的含义是"深井"。

另一个地下城市莫瑞亚也拥有几百条走廊、宽敞的房间、陡峭的楼梯和通风井。不过你在世界地图上可找不到它，它是小说《魔戒》虚构出来的地方，里面居住着来自中土世界的矮人。

大理石

意大利伟大的绘画家、雕塑家米开朗琪罗喜欢亲自挑选大理石进行雕刻。他最常去的是卡拉拉采石场。一次，他在那里精挑细选了很久，想寻找完美的大理石。但后来他却用了别人遗弃的一块有裂痕的大理石，制成了如今伫立在佛罗伦萨学院美术馆里的著名的雕像《大卫》。他花了大约3年时间雕刻这块5米多高的石头。这座伟大的雕像完成后被陈列在市政厅广场上，到了19世纪，雕塑被转移到美术馆里面。

大理石是在地球内部的高温高压等作用下形成的变质岩。大理石硬度不大，易于加工，抛光后闪闪发亮，因此受到雕塑家的喜爱。大理石透光性强，赋予了雕塑精致感，同时也极其耐用，还可用作建筑材料。

在希腊的萨索斯岛上，有许多被潮水打磨过的温暖的雪白岩石，周围是一样雪白的沙砾。这是一个天然形成的大理石海滩。岛上有许多采石场，至今仍在开采这种石块。几千年前，艺术家们经常用萨索斯的大理石创作雕塑，现在这种大理石主要用于地板和露台的衬砌。

生命
源于恒星

我们的血液里含有铁元素，我们的骨骼含有钙元素，我们的头发和指甲含有硅元素和硫元素。宇宙万物都是由化学元素构成的。它们是从哪里来的呢？宇宙大爆炸产生了氢和氦。其他元素，如碳、钙、铁等较轻的元素则是在恒星的演化中产生的。铜、金、碘等较重的元素则是等到恒星死亡后才形成。大质量的恒星演化终结后发生超新星爆炸，把恒星上所有的元素和爆炸中产生的所有元素都散播出去，在太空中形成星云。之后，新的恒星和行星会在这片星云中诞生。46亿年前，我们的太阳系就是这样形成的。所以说，我们周围的一切连同我们自己，都是起源于恒星。

20世纪50年代，科学家们想研究生命的起源。他们在一个玻璃仪器装置中装入类似古代海洋中物质的混合物，再加入原始大气中存在的氢气等气体，然后引起放电，结果发现容器中形成了构成蛋白质的氨基酸。因此，在自然环境中，比如在闪电的作用下，生命分子应该也能自发形成。

Fe 铁元素

Si 硅元素

He 氦元素

H 氢元素

C 碳元素

Au 金元素

生命的元素

从蚂蚁到大象,从洋葱到红杉,每一个生命体都由六种基本元素组成,分别是氧、碳、氢、氮、磷和硫。根据不同的组合方式,它们可以组成不同的物质。就像英文字母会组合成不同的英文单词一样,A、D、E、R这几个字母可以排列出DAD(爸爸)、DARE(敢于)、READ(阅读)等不同的单词,六种元素也可以组成糖类、脂肪或蛋白质。这三种物质共同支撑起一个生命:糖类主要为细胞提供能量,脂肪主要贮存能量,蛋白质则是构成细胞的物质基础。

在地球历史的某个时刻,这三种有机化合物从无生命的物质中自发产生。一些科学家认为,这个过程发生在海底火山口的附近,那里的环境提供了各种矿物质。也有研究人员认为,最早的细胞产生于海底热液。没有人能百分之百确定这一切的起源,但科学家们一致认为,一种强大的能量激发了这一系列化学反应。

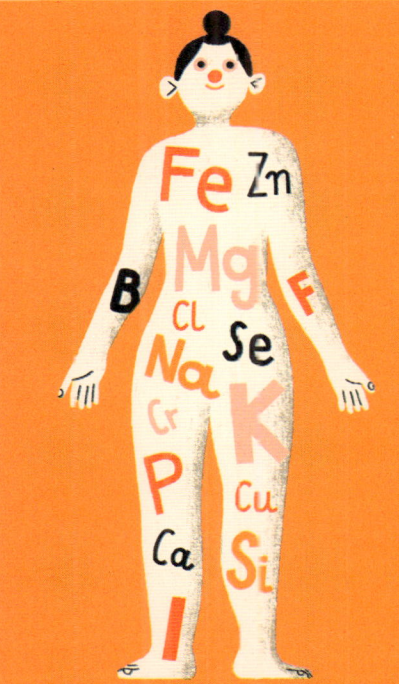

除六种基本元素外,人体还有钙、钾(K)、钠(Na)、镁(Mg)、氯(Cl)等含量较多的元素,以及铁、锌(Zn)、铜、氟(F)、碘、硅、硼(B)、铬(Cr)、硒(Se)等微量元素。

痕迹

如果你想追寻地球上早期生命的痕迹，就忽略掉恐龙吧，也别管那些微小的动植物遗骸。你应当将目光锁定到世界上已知的最古老的"化石"：叠层石。这种"化石"是由蓝细菌——地球上最古老的生命体之一——在水下生长的过程中"建造"的生物沉淀结构。澳大利亚西部皮尔巴拉地区的部分岩石就由此形成。据推测，这些蓝细菌有34.5亿年的历史，而周围的岩石大约有35亿年的历史。

在地球形成后的大约20亿年里，大气中并没有氧气。后来蓝细菌开始大规模制造氧气，改变了这种状况。今天，大气主要由氮气和氧气组成，多亏了它们，我们才能自由呼吸。

火星与蓝细菌

来自欧洲和美国国家航空航天局的科学家与来自澳大利亚的天体生物学家和地质学家在澳大利亚皮尔巴拉会面，一起研究了叠层石。他们认为地球和火星的早期历程可能很相似，所以，如果火星这颗红色星球上曾经有过生命，它或许也在岩石中留下了痕迹，就像澳大利亚山脉中的远古生命痕迹一样。也许等到"毅力"号火星探测器采集完样本返回地球，我们就会有所发现。

在蓝细菌出现之前，厌氧生物就已存在。它们以有机化合物为食，进行厌氧呼吸。它们的踪迹可以追溯到36亿年前。

古生物学家利用动植物的化石来解读地球的历史，就像侦探耐心地拼凑信息碎片一样。他们经常使用非常先进的显微镜和计算机断层扫描设备，来观察化石的三维结构。研究数百万年前的生命，不仅能让我们了解生物演化的历史，也有助于预测生命未来变化发展的方向。

被低估的劳动者

太阳能

二氧化碳

大家都听说过查尔斯·达尔文，他提出了进化论，也是研究化石和地球生命史的专家，但他对蚯蚓的痴迷却鲜有人知。他经常在清晨地面还有些湿润的时候，和孩子们一起出发观察这些看似不起眼的动物。他多年持续研究蚯蚓的习性，并在临终前出版了一本关于蚯蚓的专著。他去参观巨石阵，不是为了欣赏古老神秘的环状石阵，而是要探究巨石下陷的情况。他认为这是蚯蚓的杰作——蚯蚓松动了巨石下的土壤，再将排泄物覆盖在石头周围的地表。他认识到，早在人类发明犁地工具之前，蚯蚓就已经在疏松土壤、使土地变得肥沃方面发挥重大的作用了，直到今天依然如此。他在书中写道："我们很难找到像它们一样的其他生灵，虽看似渺小，却在世界历史的进程中起到了如此重要的作用。"

植物的菜单

植物的菜单不需要美味菜肴，只需要一些简单的物质：碳、氧、氢、氮、磷、硫等。这些元素构成了植物的主体。植物还需要钙、钾、镁和其他微量元素。任何一种微量元素的缺失都会影响植物的正常生长，它们的叶子会变黄，不能很好地开花。由于植物无法四处寻找食物，它们只能利用周围现有的一切物质。因此，要获取更多的营养，它们就得依靠其他生物的帮助。

叶片中的叶绿素吸收太阳光

碳水化合物

氧气

光合作用的过程

水和无机盐

不起眼的食物供给者

这些生物生活在地下的植物根系间。有些实在太小,你在白天压根不会注意到它们。虽然不易被人觉察,但它们的工作却不可或缺。它们以各种方式为土壤松土、施肥和供氧。有的生物很少爬上地面,因为在黑暗的地下有大量的工作要完成。蚯蚓、线蚓、线虫、蜈蚣等动物以土壤和动植物的残骸为食,消化之后排出体外的物质,就形成了肥沃的土壤颗粒。它们通过这种方式为土壤提供养分,也为植物提供食物。蜣螂会在土壤中垂直向下挖出一个个深洞,里面分出许多隔间,它们把动物的粪便埋进小隔间,在精心准备好的粪球里产卵、孵化幼虫。你在森林中看到的蚁丘只是蚂蚁家园的一小部分,它们的大片家园都建在地下。那些中空的蚁道和蚁室组成了一个架构精密的蚂蚁王国,可供数十万蚂蚁生活。它们收集动物的排泄物和植物,这些都将为植物提供养分。一只蚂蚁改善不了土壤质量;但几十万只蚂蚁同时作业,却会带来质的改变。

如果你看过兹德内克·米莱尔创作的动画片《鼹鼠的故事》,你一定记得主人公鼹鼠做工作裤、改装汽车、在树林里听收音机和驾驶火箭的样子。可不论他在做什么,他都不会像一只真正的鼹鼠那样长时间生活在地下。真正的鼹鼠有一双强壮的爪子,能像铲子一样搅动土壤,等于在给土壤充氧施肥。鼹鼠会破坏草坪,不太受园丁待见,但鼹鼠仍是有益的动物。老鼠、田鼠和地鼠的作业方式也很类似。

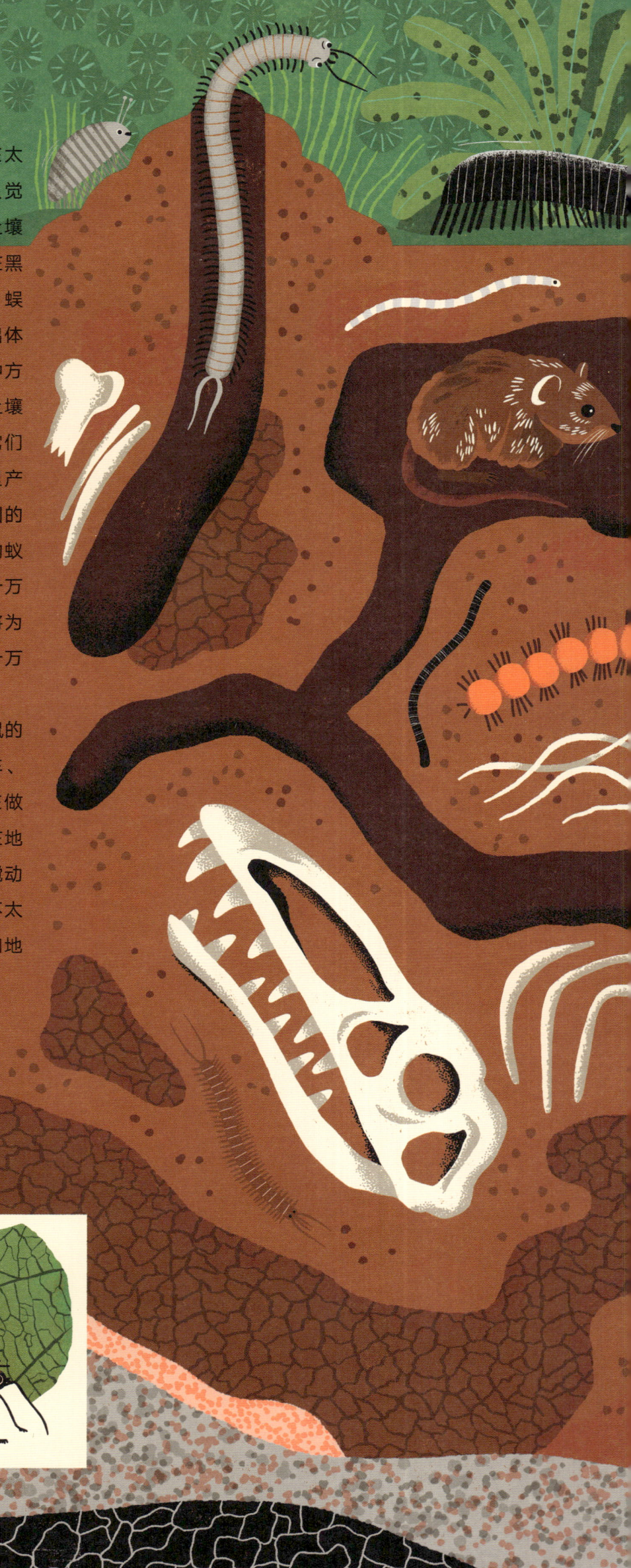

南美的阿塔切叶蚁是真正细致周到的"农夫"。它们将各种树叶搬进蚁穴,耐心咀嚼后再吐出来,形成一团糊状物。糊状物上面会长出蘑菇,它们再以这些蘑菇为食。整套流程下来,土壤肥力也提升了。

土壤中大部分的生物我们压根就不认识，因为它们是我们无法用肉眼辨识的细菌。仅仅一汤匙的花园泥土中就有超过1万种微生物。

生命供养

麦田

我们将面粉揉成面团,然后做成比萨饼、意大利面和松饼。而面粉在摆上商店货架之前,是在田间发芽生长的小麦籽粒。联合收割机收割小麦并脱粒,让籽粒与茎秆等杂物分离。脱粒后剩下的秸秆被打包成整齐的方块,留在田间。籽粒就可以被运到工厂,在那里被加工成面粉。

人们很难用传统的方式照管一片一望无际的麦田,这太耗费人力了。因此他们会往田地里喷洒杀虫剂,使用人工肥料和除草剂。但这会破坏土壤结构,使土质受损——只要一阵大风就能把土吹散。长此以往,土地就会退化,变得越来越贫瘠。受到人工合成的化学物质污染,土壤将无法产出富含营养的有价值的作物。受损后的土壤需要几年的时间才能恢复原状,所以现在有越来越多的人建议回归有机农业。

美国地质学家戴维·R.蒙哥马利研究了从古代美索不达米亚到今天的文明史。他观察了人类在不同时代不同地区对待土地的方式,得出结论——我们的土地是最不被珍视的自然资源,而且一直被过度开发。

有些植物能够很好地吸收有害的重金属。卡特里娜飓风肆虐之后,人们在美国新奥尔良市的土地上种了很多向日葵。这些植物不但能吸收有毒金属,看起来也很漂亮。不过它们的种子不能食用,因为里面含有有害物质。所以这些向日葵最后只能被连根拔起。

黑麦

燕麦

大麦

土壤的颜色

土壤通常被认为是黑色或棕色的。但土壤也有红棕色、黄色、灰白色、白色，甚至青色或蓝色的。温暖多雨的地方的土壤颜色与干燥地方的看起来不一样。黑色的土壤被认为是最肥沃的，这种土壤中的黑色的腐殖质（动植物残体等有机质）含量较高。红色的土壤中则含有大量的氧化铁，令其呈现铁锈色。当水分饱和、氧气缺乏时，土壤会呈现灰蓝色。

地面的水会经由土壤过滤，再汇入地下水，所以保护土地不受污染非常重要。

很久以前

史前人类食用植物，但不会耕种；他们吃狩猎来的动物的肉，但不会养殖动物。在农业出现之前，他们追随着野生兽群迁徙的脚步，随着季节变换位置；他们还收集种子和果实。农业不会突然出现，也不会先出现在哪个特定的地区。在世界的不同角落，相互间完全独立的种族开始各自耕种土地，饲养牲畜。

阿布胡赖拉村

阿布胡赖拉村

幼发拉底河流域的气候温暖湿润，每年都会吸引成群的瞪羚来到这里。在这一带活动的狩猎采集者有了充足的食物，也就定居下来，不需要再随猎物迁徙。这就是大约1.3万年前阿布胡赖拉村形成的原因。随着时间的推移，气候逐渐变冷，雨水变得稀少。食物越来越难找，猎物也纷纷迁徙到其他地区。然而阿布胡赖拉村的人们在大约1.2万年前学会了耕种，留在了这里。1971年，人们修建一座大坝时，在距离大马士革约180千米的阿萨德湖水下发现了这个村落遗址。

在亚洲，人们的主食主要是大米而不是面粉，这里人均每年要吃掉大约100千克大米，而欧洲人每年只会吃3千克左右的大米。

中国

美索不达米亚平原位于底格里斯河和幼发拉底河之间，那里的人们种植黑麦、大麦、扁豆和豌豆。他们修建了壮观的农业灌溉系统，能够覆盖远离河流的地区。

墨西哥人早在1万年前就开始种植农作物。那时候，人们还不认识玉米，但后来它成了南美洲的主食。最古老的玉米可能已经有8000年的历史了。

中国在古代主要种植水稻。很早之前，中国人就能够保护田地不受洪水侵袭。

工具和技术

人们逐渐学会了农耕，开始发展农业技术。有时他们会用火来焚烧植物，从而让土壤更肥沃，为播种做准备。他们一步步完善耕作方式，从徒手耕作小块田地到尝试制造工具，并不断改进工具。工具的材料从木头、骨头和石头发展到青铜和铁。公元前6000至公元前4000年左右，人类发明了革命性的工具——犁铧，从而能驾驭牲口来犁地。最早的犁铧是将自然分叉的树枝两边削尖制成。

在中世纪，有一些农民会在春天播种一块田，秋天播种另一块，第三块田则全年休耕。到了第二年，他们会轮换耕种。多亏了这个办法，土壤才不会退化得太快。

机器对农民的帮助更大。人们发明了农具，改善了耕作方式，提高了产量。有了播种机，农民就不用手工播种了。脱粒机可以将籽粒从谷壳和秸秆中分离出来。1837年，约翰·迪尔发明了一种不粘泥土的钢犁，可用于开垦之前很难耕种的土地。

对犁刀最早的描述源自今天伊拉克的乌尔。

三辆牛车、六把犁、六套牛具、一支长柄耙、八把大铲子、四把小铲子，再加上耙子、镰刀、斧头——这些就是2200年前古罗马人耕种所需的装备。人员方面还有监工、管家，再加上赶骡子的、牧羊人、工人，以及马具制造商。

波兰画家费迪南德·鲁斯奇克在1898年创作了一幅以"大地"为主角的油画。画布上大面积铺染着一块块棕色，是翻耕过的土地。地平线那端的农民正挥着鞭子赶牛拉犁。在没有拖拉机和收割机的年代，这些动物在田地里做着最辛苦的工作。后来人们还用上了马。

打造自己的花园
蔬果商

大农场的主人可没法随便从农场的一头走到另一头,因为他们的田地往往非常大!这在如今的一些地方是普遍的现象。从地里收获的玉米、大米和小麦被装进大型筒仓,再从那里运往大港口。随后,数百万吨的粮食会被船只运往不出产这些作物的地方。不是所有的土地都适合种植特定的植物。有些作物需要充沛的阳光和高温,而另一些则只能在凉爽的气候里茁壮成长。就这样,世界上的一些地区成为其他地区的粮仓。

店

如今，在波兰买鳄梨或大米与在中国买土豆都不是什么难事。但就在几个世纪前，许多蔬菜、水果和谷物还都只在各自的原产地为人所知。16世纪时，土豆、玉米和向日葵才从美洲传到欧洲。

也许你家附近没那么容易见到香蕉树和椰子树，但你可以在自己的阳台或者窗台上打造迷你小花园，种上一些具有异国情调的植物。

鳄梨

鳄梨就是我们通常所说的牛油果。试试用鳄梨的种子来种植。这可能是一场耐心考验，因为这种植物通常需要两到三周才能发芽。你需要一个带托盘的花盆、一些土壤和一颗鳄梨种子。将种子尖端朝上埋进潮湿的土壤里，不要用泥土完全覆盖，要稍稍露出一点儿。把花盆放在温暖明亮的地方（但不要放在暖气片上！）并给它浇水。当种子裂开时，意味着它很快就会发芽。刚开始，幼苗和芦笋有点儿像。

1

2

3

柠檬

种植柠檬则需要塑料盒、橡皮筋、锡箔纸和棉花，当然还有柠檬籽。等种子发芽后，你还需要土壤、花盆，以及一个切掉顶部（一半）的塑料矿泉水瓶。

用来取籽的柠檬最好是有机的。种子需要在水或者柠檬汁中浸泡24小时。将棉花放在塑料盒底部，用水润湿，但不要过分浸没。撒上几颗种子，种子之间留出空隙。用锡箔纸盖住盒子，再用橡皮筋固定。最后可以在锡箔纸上戳几个洞。把盒子放到温暖明亮的地方，等上2到4个星期。如果你的柠檬成功发芽了，那可得祝贺你！然后，你得轻轻将植物移到花盆的土壤里，浇上水，然后用那半个塑料瓶子盖住，当作保温罩。有了它，你就能创造出一个微型温室，让柠檬在温暖的环境中生长，同时也能呼吸到新鲜空气。每周浇一两次水，观察柠檬的生长情况。这样的种植条件大概类似于地中海边的环境。

等待柠檬长成的时候，你可以数数保罗·塞尚的静物画中，柠檬有多少种色调。这位法国艺术家喜欢画风景、人物和水果，其中就包括苹果和柠檬。

在希腊神话中，德墨忒耳是掌管丰收和沃土的女神。她让人们的篮子里盛满了芳香的水果，田地里长满了成熟的玉米。这位女神有个独生女叫珀耳塞福涅。有一天，珀耳塞福涅被早就爱上她的冥王哈迪斯劫走了。德墨忒耳怒急交加，当她知道是谁绑架了她的孩子时，便立即动身前往冥府。然而当她赶到时，女儿已经吃下了冥界的食物，也就无法彻底返回家园，只能和母亲短暂相聚。从那之后，珀耳塞福涅每年会与丈夫冥王在地下待六个月，也就是人间的秋天和冬天；然后再回到地面与母亲在一起，度过其余的六个月，也就是人间的春天和夏天。

趣味小贴士

1943年,一位墨西哥农民发现面前的玉米地里裂了一条缝,从缝里不断冒出火光和烟雾,这就是帕里库廷火山。随后,熔岩不断涌出,火山灰覆盖了周边地区,裂缝四周逐渐形成一个火山锥,随着时间的推移,火山灰掩埋了附近的两个城镇。直到1952年,火山才停止"生长",沉寂下来。

5000多万年前的古地中海里生活着一种名叫"喜马拉雅鲸"的远古生物。古生物学家在喜马拉雅山脚下的岩石中发现了这种生物的化石。

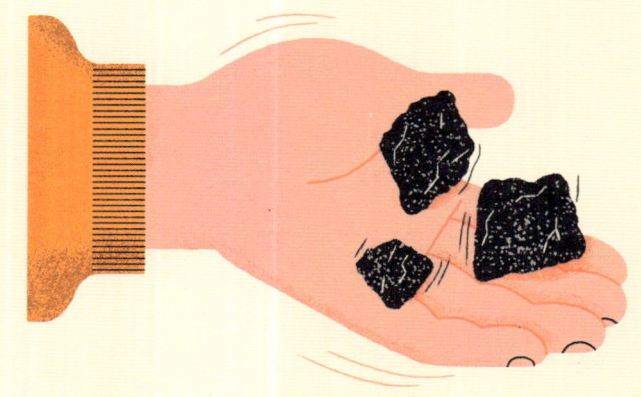

钻石通常都闪闪发亮,除非你手中的是一颗极其罕见的黑钻。黑钻不会反射光线,也比其他钻石坚硬得多,因此很难切割。它主要出产于巴西和中非。

舌羊齿生长在陆地上,可以长到好几米高。在南非、印度半岛、澳大利亚等地,人们发现了这种生活在2亿多年前的蕨类植物的化石。植物不可能跨越海洋,所以在早前的某个时期,发现舌羊齿的这些地区一定属于同一块大陆。舌羊齿就是地球上曾经存在一块泛大陆的证据之一。

在太平洋底部,有一座超级大的火山。由于它完全淹没在海底又不活跃,因此很难被发现。这座巨型火山名为大塔穆火山,是迄今为止发现的太阳系中最大的火山之一。

1969年,一颗陨石坠落在澳大利亚的默奇森镇附近。科学家们经过研究发现,这些陨石的部分颗粒已经有70亿年的历史了,比太阳出现的时间还要早。这些陨石被命名为默奇森陨石。

夏威夷的冒纳罗亚火山高度超过1万米,其中淹没在水下的部分约有6000米。它是世界上最活跃的火山之一。

美国是世界上最大的玉米生产国,玉米种植面积大约有5440万个足球场那么大。中国的玉米产量仅次于美国。

在一次宇宙碰撞中,地球与叫作忒伊亚的行星胚胎相撞。我们的月球很可能是由这次碰撞的部分残余物质形成的。

美国加利福尼亚州的一条公路上挂着指示牌,上面写着"圣安德烈亚斯断层带""您正在进入太平洋板块区域"。这表示你正身处两个构造板块——太平洋板块和北美板块的交界处,两个板块都在朝着相反的方向缓慢移动。这个断层带形成于数千万年前。从空中看,它就像地面上的一条宽沟。它沿着海岸绵延约1200千米。东非也有一条类似的断层。

查尔斯·达尔文在研究蚯蚓时发现,蚯蚓是有智慧的。当树叶堵塞洞口时,蚯蚓会选择从叶子的尖端拖拽,因为这样最省力。哪怕达尔文往饲养箱里换上陌生的外来植物的叶子甚至纸片,它们也能做出正确的选择。这令达尔文大为震惊。他表示:"蚯蚓的智力应该被承认,因为它们的行为方式与人类在类似情况下的表现几乎一致。"

北京市版权局著作合同登记号：图字 01-2023-5091

ZIEMIA
Written by Anna Skowronska, Illustrated by Agata Dudek and Malgorzata Nowak.
Copyright © Muchomor 2022
All rights reserved.
The simplified Chinese translation rights arranged through Rightol Media.
Simplified Chinese Translation Copyright © 2024
by Tianda Culture Holdings (China) Limited.
本书中文简体版权独家授予天大文化控股（中国）股份有限公司

图书在版编目（CIP）数据

不可思议的大自然. 第二辑. 土 /（波）安娜·斯考罗什卡文；(波) 阿加塔·杜德克, (波) 玛格丽特·诺瓦克图；姚小菡译. — 北京：台海出版社，2024.6
　　ISBN 978-7-5168-3741-2

Ⅰ. ①不… Ⅱ. ①安… ②阿… ③玛… ④姚… Ⅲ. ①科学知识 - 儿童读物②土 - 儿童读物 Ⅳ. ①Z251.3 ②S15-49

中国国家版本馆CIP数据核字(2023)第241042号

审图号：GS京(2023)2173号
书中地图系原文插附地图

不可思议的大自然（第二辑）　土

著　　者：[波] 安娜·斯考罗什卡　文
　　　　　[波] 阿加塔·杜德克　玛格丽特·诺瓦克　图
　　　　　姚小菡　译

出 版 人：薛　原	选题策划：大眼鸟文化
责任编辑：王　萍	策划编辑：罗雅琴　罗　爽
美术编辑：李向宇	

出版发行：台海出版社
地　　址：北京市东城区景山东街20号　　邮政编码：100009
电　　话：010-64041652（发行、邮购）
传　　真：010-84045799（总编室）
网　　址：www.taimeng.org.cn/thcbs/default.htm
E - mail：thcbs@126.com

经　　销：全国各地新华书店
印　　刷：河北尚唐印刷包装有限公司

本书如有破损、缺页、装订错误，请与本社联系调换

开　　本：787毫米×1092毫米　　1/8	
字　　数：60千字	印　张：9
版　　次：2024年6月第1版	印　次：2024年6月第1次印刷
书　　号：ISBN 978-7-5168-3741-2	

定　　价：158.00元（全2册）

版权所有　翻印必究